THE ART OF MEMOIR

寫作的起點

邁向寫作大師之路，寫好自己的人生故事！

瑪莉・卡爾
Mary Karr

沈維君、蘇楓雅—譯

獻給莎拉・哈威爾（Sarah Harwell）
與布魯克・霍克斯頓（Brooks Haxton）
感謝他們數十年來的教導

我們每個人都隱藏著一個虛妄的人格：一個虛假的我。我四處獵取經驗，用逸樂和光榮為飾帶裝飾自己，使我能被我自己與世界所覺察，好像我是隱形的，只有用某種看得見的東西覆蓋著，才能被看見。但在我身邊所囤積的事物之下沒有實體。我是如此空洞，我以逸樂和野心所打造的建築沒有基礎。我被化於它們。但它們的偶有性是注定要被毀滅的。當它們都飄散幻滅時，只剩下赤裸、空虛和烏有，告訴我犯了一個大錯誤。

——多瑪斯．牟敦（Thomas Merton），《默觀生活探祕》（*Seeds of Contemplation*）

這樣，我終究會寫出一句真實的句子，然後就此寫下去。這時就容易了，因為總是有一句我知道的真實句子，或者曾經看到過或者聽到有人說過。如果我煞費苦心地寫下，像是有人在介紹或推薦什麼東西，我發現就能把那種華而不實的裝飾刪去扔掉，用我已寫下的第一句簡單而真實的陳述句開始。

——海明威，《流動的饗宴》

生命是畝玉米田，文學為觥，乘載了自其釀製而出的美酒。

——羅麗．摩爾（Lorrie Moore）

目次

買者自負責任

沒人推選我當寫作回憶錄的老大。我無法替別人發聲，只能代表自己說話。每位作家都有自己獨特的價值。關於如何處理真實事件、回憶、研究、家庭與其他主題、法律相關資訊、觀點等等，那些回憶錄作家使用的方法和我大不相同，就如同我們各自擁有的人生大相逕庭。不過，我得補充說明，我從他們那裡學到許多東西，但這不是一本探討如何撰寫回憶錄的指南，並未收錄什麼熱門訣竅。

而且，對許多老是引用自己話語的作者來說，還有一個地方宛如地獄，好幾次，我被迫摘錄其他地方看來的冒險經歷。世上有許多書勝過我的著作，如果能從那些書中引用大量內容，這本書就會通篇都是納博科夫（Nabokov）的話了。書末的附錄提到許多精彩的回憶錄，好好研讀這些作品無疑會讓你獲益匪淺，因為我也曾受益無窮。或許，我用來分析書中句子文法的方式將幫助你愛上那些傑作。

特別感謝這些大師接受我採訪，他們撰寫的非小說五花八門：菲利普·古里維奇（Philip Gourevitch）、凱薩琳·哈里森（Kathryn Harrison）、麥可·赫爾（Michael Herr）、強·克拉庫爾（Jon Krakauer）、拉里莎·麥克法庫哈（Larissa MacFarquhar）、傑瑞·史塔爾（Jerry Stahl）、蓋瑞·史廷加爾（Gary Shteyngart）、雪兒·史翠德（Cheryl Strayed）、傑佛瑞·沃爾夫（Geoffrey Wolff）。數十年來，這些人的一席話帶給我很大的啟發：馬丁·艾米斯（Martin Amis）、瑪雅·安吉羅（Maya Angelou）、愛德華·貝克（Fr. Edward Beck）、比爾·布福特（Bill Buford）、羅伯特·卡洛（Robert Caro）、法蘭克·康洛伊（Frank Conroy）、羅德尼·克羅威爾（Rodney Crowell）、·馬克·多蒂（Mark Doty）、戴夫·艾格斯（Dave Eggers）、露西·葛雷利（Lucy Grealy）、湯婷婷（Maxine Hong Kingston）、菲爾·傑克森（Phil Jackson）、詹姆士·馬丁（Fr. James Martin）、馬修森·彼得（SJ, Peter Matthiessen）、詹姆斯·麥克布萊德（James McBride）、法蘭克·麥考特

（Frank McCourt）、凱羅琳・西（Carolyn See）、西麗莎（Lisa See）、約翰・艾德加・懷德曼（John Edgar Wideman）、托比亞斯・沃爾夫（Tobias Wolff）、可倫・賴爾凱斯（Koren Zailckas）。狄米崔・納博科夫（Dmitri Nabokov）告訴我不妨想一想他父親的回憶錄。

最後，我所說的大部分話或許適用於書寫小說、詩、情書、銀行申請書或假釋申請書等等，簡單來說，就是各種隨筆之作。不過，既然他們已經付錢要我寫跟回憶錄有關的內容，那我還是回歸正傳，堅守主題吧。

序言　歡迎來玩我的啃咬玩具

「別跟著我，我迷失了。」
大師對身後的人說。
那人手上握著一支筆與黃色記事板。
——史蒂芬・鄧恩（Stephen Dunn），〈造訪大師〉（Visiting the Master）

這篇序言就像我多年來拿在手上咬著玩的塑膠玩具，吱吱作響。問題在於，過去二十年左右，回憶錄這種文體進入全盛期，興起一股閱讀風潮。但在這之前，幾世紀以來，回憶錄一直是一種冷門的藝術，屬於怪咖、聖人、首相和電影明星的領地。三十年前剛大學畢業的我，曾聽過有人形容回憶錄就像把主禱文刻在一粒米上。因此，至今我依然覺得自己有捍衛回憶錄的義務。

我之所以拜倒在回憶錄的石榴裙下，部分原因是**這種文體非常民主**（**有人還說這種文體的風格原始，就像「貧民窟的屁股」**），任何活過的人都可以寫出自己的觀點。通常回憶錄作家對筆下主題往往充滿熱情，再加上回憶錄的結構並不連貫，而是由片段的情節組成。小說具有錯綜複雜的情節，詩則有音樂曲式，歷史與傳記偏好客觀真相的光輝。在回憶錄裡，一個事件接著一個事件發生。出生之後是青春期，性緊接其後。這些書由偶發事件、主題與令人信服的純粹韻文彙整而成，後者力量最強大，當一個人嘗試為過去賦予意義，就會創造出這種韻文。

回憶錄讀者的增加得益於小說的改變。當小說在喬伊斯、吳爾芙、馬奎斯和品瓊（Pynchon）的追隨者影響下，愈來愈偏向虛幻、異於常理或高智商，讀者開始渴求真實，投向回憶錄的懷抱。

二〇〇五年至二〇一〇年之間，菲利普·古里維奇（Philip Gourevitch）在擔任《巴黎評論》（*Paris Review*）雜誌主編時，密切觀察這股非小說類別的文學作品興起的熱潮（古里維奇探討盧安達種族大屠殺的經典作品《我們想讓你知道，明天我們一家就要被殺光了：盧安達故事》〔*We Wish to Inform You That Tomorrow We Will Be Killed with Our Families*〕也是其中一本傑作）。以下摘錄自他的離職感言，對於那些曾經嘲笑攝影作品缺少繪畫原創性的評論家把回憶錄視為次要文體，他提出駁斥：

> 過去五十年來，在回憶錄、報導文學與紀實文學這些領域中，我們已經看到許多令人興奮的新作如雨後春筍般紛紛問世，具有各式各樣的形式、長度與風格。然而，文學界恐怕依然存有一種勢利眼的心態，想要將這些泛稱為「非小說」（nonfiction）的作品踢出「文學」，他們認為這些書不夠格稱為文學，在某種程度上欠缺藝術性、想像力或原創性……但是，我出版的非小說從各方面來看都跟小說一樣出色。

年輕人或許已經記不得威廉・蓋斯（William Gass）*、強納森・亞德利（Jonathan Yardley）和詹姆斯・沃爾科特（James Wolcott）等評論家抨擊回憶錄的長文。他們這場反對運動最終徒勞無功，倒是讓我想起來，很早以前就有人嘲笑小說只是「幻想」，不僅缺少哲學與布道詞的道德嚴謹，也少了詩的正統與嚴密。

因此，在讀了五十幾年的回憶錄，教了三十年回憶錄寫作（加上受聘發表了三本回憶錄）之後，去年，我回溯過去讀過的每一本回憶錄與教學、出版經驗，試圖效法物理學家，大略拼湊出屬於回憶錄的「統一場論」或「萬有理論」。我想像有一個更好的自己早就做好這件事（我的腦海中有個聲音一直唸個不停，說更好的我根本不會吃掉手邊的奧利奧餅乾）。這個更好的我會把書架上的書都按照字母排列，思緒就像一張張投影片井然有序。她擁有一套龐大而全面的系統。

為了尋找這種系統，我發現自己去年冬天在史泰博（Staples）辦公用品賣場推了一台搖晃不穩的推車逛街。幾個小時後，我渾身是雪的衝進家裡，活像一隻用牙齒拖著家前進、牙疼得要命的拉不拉多犬。我買了簡報架（三組）、鋁框厚軟木板（四個）、活動白板（一

＊作者注：〈自我的藝術：自戀時代的自傳〉（The Art of Self: Autobiography in the Age of Narcissism），《哈潑雜誌》（*Harper's*），一九九四年五月，http://harpers.org/archive/1994/05/the-art-of-self/。

組）、索引卡和便利貼。

然而到了夏天，客廳簡直就像連環殺手專案組的總部，卡片堆積如山，玻璃窗上畫了五顏六色的圖示、箭頭和筆記，如今客廳已經被封為「作戰室」。索引卡上寫了諸如此類的句子：「談談麥可．赫爾和剝皮男子的事！」有張卡片上還引用了聖奧古斯丁的話（這人活在第五世紀，可能患有性愛成癮症，被視為回憶錄始祖——沒錯，歐普拉不是首開先河的人）：「上帝，請賜給我貞潔，但現在還不是時候。」我花了好幾個月看著黑色的電腦游標來回移動，埋頭閱讀各式各樣的書籍，心想但願這些書是我寫的。然後，我克制偷偷溜走的衝動，那種感覺就像剪壞髮型的小狗，一心只想躲在床底下。

如同我寫過的一切，我剛開始因為害怕失敗而嚇得不敢動彈，一心渴望讚美撐起我的自尊，這種自我意識就像蜘蛛一樣，試圖嚇跑我，不論多微小的真相，我都不敢說出口，明明這些話早就在我的腦海中蓄勢待發，等待我說出來。不過，沒關係。正是因為如此，擁有無盡智慧的神才會賜予我們刪除鍵。

最近，有個和我一起教書的朋友說服我一躍而下，勇敢投入這項計畫，他提醒我，我已經花了太多年時間對學生談論回憶錄帶來的喜悅了。一直以來，我真正帶到課堂上的禮物是讓大家珍愛這種文體，而我付出的時間與努力不亞於任何人。一九六五年，我寫下：「長大後，我會一半寫詩，一半寫自傳。」像我這樣的怪小孩，只有在閱讀海倫．凱勒（Helen Keller）和瑪雅．安吉羅（Maya Angelou）的事蹟時，才會覺得沒那麼孤單寂寞。從某種萬物有靈的角度來看，我相信她們「只對我」說話（就像我兒子剛開始學走路時，老愛提及甜到氣死人的羅傑斯先生〔Mr. Rogers〕*）。

第一人稱的成長故事（假設都是真實故事）總能帶給童年的我希望，屢試不爽，這些故事讓我相信有朝一日等我長大了，一定就能從現在的麻煩中脫身——每天的閱讀時光就像一種社會認可，准許我停止徒勞無功的嘗試，把自己隔絕起來，遠離我那不夠理想的家庭紛爭。瑪雅．安吉羅身為黑人，卻出生於公民權益並不平等的阿肯色州，海倫．凱勒既

＊編注：已故的美國兒童節目之父羅傑斯（Fred Rogers），同時也是牧師，主持兒童節目《羅傑斯先生的鄰居》（*Mr. Rogers' Neighborhood*）長達三十多年，該節目成為美國知名度最高的兒童節目之一。

盲且聾，如果她們都能擺脫自己的煉獄，成為最重要的人——作家——或許我也做得到。**每位回憶錄作家都活下來講述自己的故事，而那種求生的力量常常讓我充滿希望，彷彿直接把希望注入我的身體裡面。**而架構相對完善的小說就是無法帶給我同樣的感受。

然而，**小說往往被當成遮羞布，用來掩蓋記憶中的生活經驗，這種文體不保證提供真實事件。**當我翻閱小說，第一人稱的敘事或許會吸引我，但奇怪的是，一想到這些其實都是虛構的情節，並未真正發生過，就會讓我從書中營造的夢幻中驚醒，無法鼓起勇氣。回憶錄作家坦白揭露自己的過去，那種深刻而神祕的認同感就是無法轉化到我熱愛的小說家身上，無論這本書讀起來再怎麼津津有味也一樣。

說來有些尷尬，我竟然「認同」一個從未見過的人，對方只是販賣書籍的人，因為我對她的行為買帳而從中獲利。我聽起來就像一個泡在脫衣舞俱樂部的男人，誤以為舞孃真的愛上了我。

有一次，我聽到唐・德里羅（Don DeLillo）譏諷小說作家，說他們起初懷抱著寫作的意義提筆，然後為了呈現意義而虛構事件；回憶錄作家則從事件開始下筆，然後從這些事件中萃取出意義。在這一點上，回憶錄意圖讓生活經驗更加栩栩如生地躍然紙上。我詢問一班大學生喜歡回憶錄哪些地方，結果聽到他們不約而同都說出同樣天真的感想，他們說，光是得知一個作家度過難關、寫下過往經歷，這個事實就讓他們充滿希望。「他居然得以倖存，這件事本身就是個奇蹟。」這句話出現在許多學生的報告裡。回憶錄的敘述對他們有種神奇的魔力，對我也一樣。越南士兵懇求麥可・赫爾：「把這一切告訴世人。」於是，他在《戰地報導》（*Dispatches*）中照做了。

我相信大多數回憶錄都是真實無虛，我也知道，在別人眼中，這種信任是過於輕信，容易受騙。當然，在任何作家與讀者之間，本就存在著一種詭詐的關係。回憶錄說穿了就是一種技巧，一種人為的產物。**回憶錄不只是未經修飾、直接潑灑紙上的報導文學**。這在道德上注定無法完滿：從你選擇撰寫某一事件而非其他事件的瞬間，你就已經在賦予過去意義了。此外，回憶錄還使用了小說的筆法，例如匯集你當時未能記錄下來的對話，用來鋪陳情節。為了編造出各自不同的口音，你往往必須效法詩人精心雕琢文句。而錦囊佳句就是用心研究的獎賞。你正在為讀者創造體驗，透過這場魔術表演，你將變出你的過去——從內到外，一目瞭然，你必須讓讀者看得夠清楚，不僅僅是獲得一閃而過的快感。你欠讀者一段漫長的旅程，最重要的是，你應該提供所有從自己身上挖出的真相來。因此，儘管這是經過人為塑造的經驗，但奇怪的是，一個人發自內心寫出來的最佳回憶錄，依然可以為了他自己深知的理由，強迫挖出過去的真相。

事實上，我所知的每位回憶錄作家似乎都注定以死亡行軍的姿態，在字裡行間探索過去，這種過程往往非常痛苦。如果你在雞尾酒派對遇見他們，肯定會留下深刻印象，他們不僅坦率直言，而且對過去的好奇勝過捍衛自己的說法。

想一想我們都曾經有過的家庭聚餐，同一件事，每個人的說法都不一樣，甚至相互衝突。「事情發生的時候，你根本還沒出生！」在餐桌上，我或許會像狼保護地盤一樣，捍衛自己的說法，但夜裡輾轉難眠時，我往往會偷偷懷疑自己是不是錯了。

除非你抱持懷疑態度，老愛杞人憂天，緊張不安，沒事就把對不起掛在嘴邊，凡事一想再想，否則的話，回憶錄這個領域或許不適合你涉足。我發現，那些撰寫生命故事的作家身上往往都會有這項共通的特質。真相並非敵人，而是他們走在地下室黑暗樓梯時緊抓不放的欄杆，是解決之道。

哇，這正是我遺失已久的理論，顯然是從德爾菲神諭（Delphic oracle）偷來的想法，這位女祭司有個幾乎不可能達成的討厭要求：「了解自己。」如果你有顆探究真相的好奇心，或許可以讓你擺脫限制，自由書寫。第一步是你要有強烈的衝動，渴望以自己的身心再次體驗那些最生動的故事，那些故事來自你的過去，讓你心跳不已。（毫無疑問，如果不是那些故事在你的腦海中揮之不去，你也就不會浪費時間嘗試寫下來了。）接下來，你只需要說出那些故事，對吧？這是次難的部分。下面這段文字引自多瑪斯·牟敦的著作《七重山》（*Seven Storey Mountain*），只是我用「真理」兩字取代了「上帝」這個詞。

關於我個人身分的奧祕，隱藏在真理的愛與仁慈裡。「真理」為我發聲，這個詞彷彿包含了它本身的部分思想。這個詞將永遠無法理解它表達的聲音。

這個概念彷彿朦朧的煙雨，飄散在空氣中，我常常心懷這種想法，踏進我教導回憶錄的課堂，我的模樣就像那些邊大聲咆哮邊離開海灘的孩子，那喊叫聲讓每個人震耳欲聾。我的重大訊息是：聽好了，我是一位熱情洋溢、難纏的老師。我在乎，而我主要的任務是協助學生愛上我已經情有獨鍾的回憶錄，這代表我會帶你們看一些我讀過的片段，這些都是我生命中不可或缺的重要內容——《黑男孩》（*Black Boy*，亦名《美國飢餓》〔*American Hunger*〕）、《我知道籠中鳥為何歌唱》（*I Know Why the Caged Bird Sings*）、《童年：一個地方的傳記》（*A Childhood: The Biography of a Place*）、《戰地報導》、《女勇士》（*The Woman Warrior*）、《斷線》（*Stop Time*）、《罪之吻》（*The Kiss*）、《巴黎倫敦落魄記》（*Down and Out in Paris and London*）、《向加泰隆尼亞致敬》（*Homage to Catalonia*）、《水的顏色：一位黑人對他白人母親的禮讚》（*The Color of Water*）、《向過往的一切告別》（*GoodBye to All That*）、《誰殺了托爾斯泰：我被俄國文學附魔的日子》（*The Possessed: Adventures with Russian Books and the People Who Read Them*）、《一個天主教女孩的童年回憶》（*Memories of a Catholic Girlhood*）、《那時候，我只剩下勇敢》（*Wild*）、《欺詐公爵》（*The Duke of Deception*）、《這男孩的一生》（*This Boy's Life*）、《說吧，記憶》（*Speak, Memory*）——然後，我會和你們分享我從這些回憶錄中蒐集的智慧，以及我在閱讀過程中獲得的領悟。為了未來的回憶錄作家，我列出簡短的清單與課題。

這正是你將在本書中讀到的內容——在我教過的回憶錄與我自己撰寫的報導之間來回奔走。我在充滿泥濘的壕溝中辛苦跋涉才完成這些報導，而當時寫的三本書，基本上都把我整慘了。

●

我的辦公室門口貼了一張哈利．克魯斯（Harry Crews）的照片，常常有學生問起，因為那張照片看起來野蠻兇暴，一點文藝腔調也沒有。在英文系的大廳，掛著一排海報，上面不是一本正經的艾蜜莉．狄金生，穿著裝飾白色蕾絲的衣服；就是一身黑色天鵝絨的波特萊爾，一副想要使壞的花花公子模樣。哈利．克魯斯卻穿著撕去袖子的牛仔外套，擺出肌肉男的姿勢，彎起手臂，讓二頭肌變得跟豬腳一樣大。他一臉痘疤，頭髮斑白，還有老挨揍的塌鼻子。學術界幾乎沒有任何藍領的勞工階級，在學術界的白色象牙塔之下，周遭盡是白領階級（顯然白色是重點，白人亦占壓倒性的優勢），對我來說，克魯斯的形象是一種謙遜的小小堅持。克魯斯舉起肌肉發達的拳頭，對著自己的下巴，彷彿正要用上鉤拳擊倒自己。我想，如果他繼續毫無節制地灌下對他沒有好處的威士忌，他肯定會撂倒自己的（有一回狂歡後，他發現手肘內側居然有個還在流血的刺青，卻完全想不起來發生了什麼事——在他的手臂彎曲處，刺了鉸鏈的圖案，彷彿他是機器，不是活生生的人）。

從某個角度來說，回憶錄如果寫得好，確實就跟用自己的拳頭撂倒自己沒兩樣。確實，這種絕對能夠讓人在情感上全心全意投入的工作，做起來樂趣無窮——畢竟，誰不關心自己的過去？這種文體總是會對作者造成深刻的心理影響。回憶錄不得不如此。還有什麼寫作計畫可以造成這種影響？加上你得和一群早已分道揚鑣的人混在一起。一旦開始撰寫回憶錄，你就會圍繞在那些讓你痛苦數十年的地方與光陰之下。

但是，就我所知，舉凡寫出精彩回憶錄的作家，幾乎都說這個過程簡直就像一場頂級的「吃屎大賽」。我們對過去都有種錯覺，往事與實際情況之間往往有距離，每當你試圖打破這種距離，就會感到痛苦。我在編輯或指導別人撰寫回憶錄時，最後往往會覺得自己就像湯姆．貝林傑（Tom Berenger）在電影《前進高棉》（*Platoon*）飾演的邪惡中士。他俯身靠近一個肚破腸流、大聲喊痛的士兵，嘶啞低沉的嗓音從緊閉的牙關傳出來：「**承受痛苦吧。**」然後開始機械地把腸子塞回去，直到士兵閉嘴為止。

正是因為回憶錄導致你和自我爭戰，進而產生條理清晰的分析與理由，所以，不論你多有自覺，回憶錄都會折磨你的內心。我家有句格言一點也不好笑：「你要是回擊，麻煩就大了。」你那些小小的虔誠與令人費解、大多毫無自覺的姿態，最終只會扯你後腿。

說到宣洩的效果，回憶錄就像心理治療，不同之處在於你必須付錢接受諮商。心理治療師是母親，而你是孩子。就回憶錄來說，你則成了母親，讀者是孩子。而且，讀者還會付錢給你——希望如此（塞繆爾．詹森〔Samuel Johnson〕曾說：「只有傻瓜才不是為了錢提筆寫作。」）。

所以，把你記憶中的漏洞或訴訟都拋到腦後，別去想一旦你說出叔叔在午睡時間幹了什麼事，那些和你共享DNA的傻瘋子就會抓狂（稍後我會探討如何處理那些煩惱）。你可以進行「研究」，也就是說，把提筆寫作的時間往後延。但是，對你的回憶錄來說，你在夜裡使用牙線時看到的鏡中影像才是真正的敵人——亦即你那無知的自我與無數的面具。

克魯斯的回憶錄《童年：一個地方的傳記》，神奇地點出了我那故作文雅的姿態。除了迷上回憶錄的人之外，我們都低估了這本書的重要性，簡直是毫無所覺。以前我曾經擔心這本回憶錄不如我想像得好（尤其是克魯斯的小說從未讓我驚豔），直到我認定任何對回憶錄的反感都是一種歧視失敗的心態，而這種心態堅持排擠工人階級的三流作家。

閱讀《童年：一個地方的傳記》時，我是觀念狹隘保守的老德州詩人，尚未取得學術資格，正在文風鼎盛的劍橋努力通過學位考試。克魯斯耗費許多時間試圖隱藏自己窮困的出身，卻在一本書中揭露身世，而這本書則成了我的圭臬。這本書有多精彩，我已無法估量。但是它指引我從自己心中最大的鴕鳥洞跳脫出來。我從閱讀克魯斯的回憶錄中找到勇氣，說出自己一生的故事。我在此提及這麼多他的事，目的是強調如果他願意分享新手的弱點，就能造成驚人的影響力。假如我愛好刺青，我會在身上留些位置給他，表達我對他的感激。

我要感激的人還有很多，到頭來，我就會像州立博覽會海報上的女子，身上刺滿了最佳回憶錄作家的臉。或許，沒有克魯斯，我終究還是會寫出第一本書，只是多繞點路而已。可是，打從一九八〇年代左右開始閱讀他的書，我就踏上了捷徑——我強烈意識到自己為了書寫而捏造出來的虛假自我，堵住了我的嘴巴，讓我說不出真相。

●

至少，本書的目標之一是為想要成為回憶錄作家的人清出一些空間，讓他們有幸得以遊刃有餘，幫助他們挖掘出唯有自己能述說的生命故事；然後，協助說故事的人以最真誠優美的方式發聲。我所謂的「真誠」指的是捨棄虛構的事件；而我所說的「優美」則是指為讀者提供優美的文字。

要如何測試是否優美呢？重讀。會讓你重讀的回憶錄通常感覺如此貼近內心，真實而可信，才會吸引你一再重溫。你想念書中描述的地方與氛圍，書中的角色就像你渴望結交的老朋友。

一本書或許可以提供許多智識上的樂趣，然而，牽繫你內心的往往是回憶錄的敘述者。她如何做到這一點？好作家可以施法在你心中變出一片景觀與居民，而最優秀的作家則讓你感覺他們已經揭開自己最脆弱的一面。當我們目睹別人赤裸裸地坦露真實自我時，不免有點情緒激動。

或許我可以幫助未來的作家，讓他們在坦露自我時感覺好一點。我針對打算撰寫回憶錄的人提供的課程與訣竅，彷彿撒胡椒般接二連三地落下——「何不撰寫回憶錄」、「肉體感官」或「如何挑選細節」。這些內容言簡意賅，足以讓一般讀者一躍而起，超越那些為學生準備的眩目技巧。稍後在探討麥可．赫爾的章節中，我為一般讀者準備了一段入門基礎，其中第二段逐一分析可能會讓讀者感到乏味無趣的內容。

這本書大半是為了一般讀者而成書，我希望本書針對回憶錄這種文體，有助於一些情感的磨練，不過，我更加真心希望引發一些反思，想一想讀者本身分裂的自我與不斷變形的過去。

因為，每個人都有過去，而每一段過去蘊含的意義都會引發激烈的情緒。在這世上，沒有人能夠獨立自主地做出當下的決定，除非明白自己的內在如何受到往事牽絆。因此，這本書主要是為了那種人而寫——他們的內在生活宛如蘇必略湖般遼闊，熱愛追憶似水年華。或許，**這本書將為你的旅程帶來水肺鰭、潛水面具和更多氧氣**。

第一章 過去的力量

我們只有在兒時目睹真實的世界一次，
其餘皆是回憶。

——露伊絲・葛綠珂（Louise Glück），〈回歸〉（Nostos）

在人生中意想不到的時刻，每個人都曾因回憶的巨大力量而佇足片刻。前一刻你還是一個成熟的女人，可當一股孜然的香味飄過，便使你想起父親的咖哩，通往過去的大門隨風敞開，點點滴滴出現在你面前，鉅細靡遺到不可思議的程度。你和痛苦難忘的回憶不期而遇，壓得你喘不過氣來。然而，其中也有你想要挖掘的回憶：你先從一個微小的瞬間著手，解開每個結，展開線索引領你穿越腦海中的迷宮到其他地方，藉此回溯過去。我們都曾質疑過自己——那不可能是聖誕節，因為照片中的我們都穿著短褲。像這樣的回憶，往往是透過釐清而展開的，不過，有用的回憶最終會匯聚足夠的拉力，牽引你穿越過去。

回憶是彈珠台裡的珠子，在各種影像、念頭、場景片段、你聽過的故事之間胡亂彈跳。然後彈珠台開始傾斜，啪的一聲突然關掉。但大部分的時候，我們會將回憶封裝，收藏在箱底。有時候，我會把那突然開箱的片刻比喻成馬戲團小丑突然從一個縮小的汽車行李箱冒出來——這麼小的空間，怎麼塞得了這麼多東西？

你參加高中同學會，驚訝地發現大家都成了中年人，再也不是數十年前在走廊擦身而過的青少年。然後，有人提到國一上皮克特老師的英文課時，她就坐在你後面，不知怎的，你的腦海中頓時浮現她年少的臉龐。接著你想起那一年你的置物櫃在哪裡，還有英文課後的那堂演講課，每次上完最後一堂演講課，你會穿越草皮剛割過的足球場，邊走邊偷看當時愛慕的男生練習踢球。

所以，單單一個畫面就可以劈開前塵往事的硬實種籽，回憶瞬間從四面八方湧上來，化為繚繞在你身邊的藤蔓，發芽開花，重建這座舊時的花園，再現迷人的香氣與榮光。幾乎讓人難以置信，需要多少記憶一湧而入，才能填補這片純粹的空白。

在第一天的回憶錄課堂上，我往往會潑學生冷水，免得他們一頭熱，認定自己的回憶錄無懈可擊。我通常會找一位教授或學生假裝和我吵架，同時安排一位攝影師在背後錄影。然後，在事件發生之後，要求全班學生記錄這件事。

從那些在台下聽講的研究生水準來看，這項練習應該像灌籃入筐一樣萬無一失。約一年多前，將近八百名學生申請詩歌組的六個名額與小說組的六個名額。他們全都絕頂聰明，其中不乏常春藤盟校的學生，但我們曾拒絕一位哈佛學生加入詩歌組，把機會給了一位前海軍陸戰隊員，他還是個同性戀。至於小說組，一位以最優異成績畢業的耶魯學生敗給了曾在巴納姆貝利馬戲團表演（Barnum & Bailey）的小丑。

想像一間研討室，桌子以馬蹄形排列，坐了二十來位研究生，大多穿著黑色西裝，每個人面前都放了一杯微溫的飲料。我向後面的攝影師說明，這份課堂紀錄或許有助於我正在撰寫的回憶錄。

按照事先備好的腳本，我先為自己上課不關手機的行為向大家致歉，因為我有些行政上的問題必須在這三小時的課程時間內解決。我的同謀克里斯按照計畫，每隔一段時間就來電詢問我，甚至有些剎剎逼人地問我關於交換教室的事情。我回應的態度和善愉悅，簡單說了幾句便急著掛電話，說等下課後再談。

離下課時間還有一小時，克里斯怒氣沖沖地走進教室。這位五十來歲的光頭詩人，緊抿著嘴脣，宣布這是他的研討室，我們現在就得離開。

我們扮演著與自己性格完全相反的人。大家都知道克里斯是個低調隨和的人，而我嘛，該怎麼說呢，吵吵鬧鬧？典型的南方人？總之，他提高聲調，我則提議到外面談。他向前一步，我退後。他很高，我很矮。我努力緩和緊張局勢。他希望我哪怕就一次，和別人一樣好好配合他的工作。他告訴我去你媽的——或者，搞不好這只是我的記憶？然後，他把一疊文件朝空中一扔，怒氣沖沖地大步走出去。學生們都有些躁動，從錄影帶中可以看到，他們把目光從我們身上移開，面面相覷。

現場鴉雀無聲。「妳還好嗎？」站在同一陣線互相依賴的孩子，眨著宛如小鹿斑比的眼睛問道。我說明這場詭計，學生們一陣大笑，藉此掩蓋尷尬。有個學生還開玩笑地揚言要告我們造成精神創傷，因為他回想起父母吵架的情景。

你多半會猜想這些開朗、大多數年輕、相當敏感的目擊者會輕鬆搞定還原這起事件的這項任務，連克里斯短襪的顏色都能記得一清二楚。然而當學生們唸出自己寫在線圈筆記本或拍紙簿的內容時，各種錯誤如雨後春筍般冒出來。

當然，也有記性很好的人。班上共有二十到二十五位學生，其中或許有一、兩位學生具有神奇的照相機記憶。他們精確掌握事實，能夠一字不差地引用別人的話，不會搞錯細微的身體特徵，甚至記得間隔的時間（回憶最常搞砸的就是弄錯時間，就連年輕人也無法倖免）。他打了幾次電話？這些高手一口咬定他打了三次電話，每次間隔十到十二分鐘。此外，克里斯穿的是卡其色褲子、牛仔襯衫，而非相反；腳上穿的不是樂福鞋，而是黑色 Nike 球鞋，有兩個鞋帶孔沒有穿上。這些觀察家的表現真是令人驚奇。

檢視學生們的記憶誤區時，我在黑板上更正一些細節，修正對話與理解上的錯誤。最後，我們記下達成共識的版本。在這段時間內，我有時會向大家灌輸一些新的事實——我給了我的對手一條皮革手環，但他沒有戴上，甚至毫無意識地撥弄那條手環，一副緊張兮兮的模樣。

事件發生後一個月，我要求孩子們把這次爭執寫成報告交上來，結果大部分報告都出現這種官方說法。只要一個團體認定情況正是如此，往往就會淹沒原本的回憶（只有那些少數記性很好的人例外，不知怎地，他們一直忠於自己原先的印象）。這就是「群體迷思」的力量，這種迷思正是家庭動力與大多數行銷宣傳的基礎。

不過，說到扭曲記憶，還有比群體迷思更糟的，那就是學生一開始的偏見。詩人和經過訓練的音樂家似乎有種神奇的敏銳度，能夠一字不差地牢記對話。只不過他們依然會搞錯語調，甚至誤以為誰說了什麼話。其實我才是那個說「我們一定可以解決這件事」的人。

可是，有些人卻把這句話記成當我猛地拉開手肘時克里斯說的話。有些人則聽到我惱火地嘆道：「我們不可能解決這件事。」

誰知道為什麼班上一半學生都記得是我朝克里斯步步逼近？事實上，我當時不是站著不動，就是往後退，就連我懶洋洋的模樣（如果有人觀察到的話），在眾人記憶中出現的句子，簡直也跟軍事用語沒兩樣，例如「她堅持己見，固守陣地」，或「她就像鬥牛犬一樣堅守立場」，還把我比喻成花崗岩或鋼鐵。有一年，班上的記憶高手是一位薩克斯風手與嘻哈音樂的ＤＪ，他當時信以為真，差點要離開座位阻止克里斯攻擊我。即使後來得知真相，這個孩子還是有所懷疑：「瑪麗究竟做了什麼事，才會讓他這樣攻擊她。」

這些旁觀的學生與生俱來的偏見塑造了他們的觀點。有一年，我聲稱這些電話是診所打來的，結果有位病重的女孩為我擔心了起來，其他人則只是對於我在上課中講電話忿忿不平，認為此舉不守規矩，令人討厭。有個男生認定克里斯和我有一腿，這個孩子根據我們的肢體語言，捏造出一個有關背叛的故事情節。有位曾遭人跟蹤騷擾的女生，則判定克里斯也是跟蹤狂。還有人以為我們因為嗑藥而飄飄欲仙。

我這項並不科學的研究持續了數十年，證實即使是最優秀的頭腦親眼所見，也會糊裡糊塗，曲解真相。

回憶的力量可以把我們拉回難以承受的過去，也可以犯下大錯，包括短期記憶（在停車場找不到車子；明明有印象，一時之間卻想不起來的名字）與長期記憶（我們高中上過床嗎？）。正是因為如此，我每次都會把草稿寄給我描寫的對象，因為我不信任自己的腦子，生怕扭曲真相。

回憶錄作家凱羅琳・西記得明明是先生拋棄了她，無視她抱著他的大腿哀求（這只是一種比喻，不是真的抱大腿）。可是，她的孩子和前夫卻糾正她，說是她攆走先生的。我任職於《紐約時報》的朋友大衛・卡爾（David Carr），在《槍之夜》（*The Night of the Gun*）中，記錄自己吸食古柯鹼的瘋狂歲月。在這本回憶錄中，他運用調查技巧與錄影機，採訪以前在明尼亞波利斯的夥伴，特別關注和持槍的瘋子在小巷子對峙的那件事。結果出現了大逆轉。原來，卡爾才是那個揮舞手槍的瘋子。幾年後，他向我敘述當年挖掘真相的過程，一想到自己的回憶與事實有所出入，依然令他挫敗不已。

幫大衛的記憶說句公道話，他當時因為吸毒而神智恍惚，不過，記憶出錯依然是事實。人類的心智怎麼能把事情記得那麼真切，卻又錯得這麼離譜呢？神經學家喬納森．敏克（Jonathan Mink）博士解釋，當我們面對像大衛這樣強烈的記憶，我們通常只會記住情緒，其他所有細節則會變成難以辨識的模糊痕跡。

不過，對於遺失的記憶，我們更擔心一旦情節記憶（亦即對事件、經驗、感受、時間、地點的記憶）與自傳式記憶（與情節記憶類似，只不過是你特有的記憶）融入語意記憶（思想或概念、事實、意義、知識）中，就會產生重大失誤。**對我來說，把情節化為適當的文字，總是有點勉強硬套**。最後，我往往寫不出鮮活的感知，只寫出蘊含某種觀點或想法的故事，而且以後或許寫不出這種內容了。我不能百分之百信任這些語言式的記憶。

在瑪麗．麥卡錫（Mary McCarthy）的著作《一個天主教女孩的童年回憶》中，她寫到自己的兒子堅持墨索里尼於一九四三年在美國麻薩諸塞州的海恩尼斯被人扔下公車，因為司機把車停在路邊，然後「大聲唸出最新的新聞：『他們已經把墨索里尼扔出去了。』」

如果你不是回憶錄作家，這件事肯定會讓你笑出來。這讓我又咬起了我那早已啃到光禿禿的指甲。一想到我可能因為記性不好而汙衊某人或燒毀他家，就讓我半夜驚醒。我總是告訴學生，我工作時總抱持著懷疑的態度，所以當人們以質疑的語氣問我，怎麼可能記得我著作中的所有內容，我通常會坦白承認，顯然我記不住。但如今我已經可以說服自己有這種記性。我的意思是，我盡力而為，只是仍受限於所謂「我的心智」失靈不足之處。

我來自一個愛講故事的家庭，當身邊的人一再重複述說發生過的事件，確實有助於長期保存故事。不過，耳熟能詳的敘事風格也會讓你的腦子僵化。**一旦用死記硬背的方式說故事，那些事件就會漸漸了無新意，乏善可陳。**就像從擠花袋擠出老麵團一樣，那些故事會給人太刻意塑造的感覺。但當你用幽默的口氣描述痛苦事件，就會失去真實的感染力或給人的恐懼感。

經過協商的回憶就像編輯台爬梳過的文章一樣，任何沒把握的句子都會遭到刪除，任何特定的觀點都會作廢。在家庭中生活的人都知道群體思維能專制到什麼程度。

我出版第一本回憶錄之後不久，我媽媽和姊姊開始打電話來，用我的語言重述我寫到的場景。身為兄弟姐妹中年紀較小的，我的看法往往受到嚴重忽視，所以我應該將這種情況視為一種勝利——他們終於聽進了我的話！但恰恰相反，我反而感到失落。我在不經意間成了我們家集體記憶的官方記錄者，而且，誰知道我搞砸了什麼？有一部分的我渴望回到過去的時光，當時的我要是沒聽到某件事「只發生過幾次」或「其實沒那麼糟」這些話，是無法開口說話。雖然這聽起來有點扭曲，但是，出錯反而好多了：在這個家庭妄想系統裡，筆誤成了我的避風港，讓我更加安全。

第二章 作家與讀者之間的真實之約

整趟旅程的目標是追尋真相，或尋求真實可靠、力量與自由。既然如此，怎麼可能在旅程中助長謊言？

——愛德華・聖奧賓（Edward St Aubyn）

每當我想起多年來自己發表無數次聲明，強烈要求回憶錄的真實性，我總是垂頭喪氣，無地自容。我聽起來就像偽善的傻瓜，更像村子裡的教區牧師，搖著手指教訓作家，推廣回憶錄這種文體的規矩。原諒我，我不是藝文界的糾察隊。喜劇演員史蒂芬・柯伯（Stephen Colbert）曾創造一個新詞彙：我們時代的「感實性」（truthiness）*，這個詞彙的妙處在於，你可以設定任何標準來放大衣服後擺。小說家潘・休士頓（Pam Houston）聲稱她的小說有百分之八十二的內容真實不虛，同樣的比例也可以套在她的非小說上——還算合理吧。我猜想，在現今文壇，你可以選擇自己的比例。

你可以永遠躲在小說的標籤背後，正如楚門．卡波提（Truman Capote）一九六六年在他那本號稱「非小說的小說」《冷血》（*In Cold Blood*）中那樣（他或許是首開先例之人）；或著像菲利普．羅斯（Philip Roth）一九三三年出版的《夏洛克行動》（*Operation Shylock*），當時他以小說形式出版這本書，卻聲稱書中內容來自上帝的真理。（同上：在大衛．福斯特．華萊士〔David Foster Wallace〕撰寫的《無盡嘲諷》〔*Infinite Jest*〕中，我最愛的段落更像是回憶錄，而非小說。）或者，你也可以公開發表免責聲明，效法約翰．伯蘭特（John Berendt）一九九四年的做法，他當時坦承在《午夜的善惡花園》（*Midnight in the Garden of Good and Evil*）曾「任意改動一些故事的敘述，尤其是跟事件發生時間點有關的內容」。我把這解讀成他為了讓故事進行流暢，縮短了時間。其實這本書描述的謀殺事件（亦即書中的核心戲碼）早在伯蘭特抵達當地前幾年就發生了。許多場景都純屬虛構，包括他自己和受害者的偶遇、在調查初期出現且大受歡迎的變裝皇后角色。至少他承認了，雖然是有點狡猾地在最後幾頁略作聲明。

有關其他作家的藝術自由，那已經是我盡可能委婉的說法了，畢竟我一直致力於爭取藝術自由。任何作家都不能把自己的標準強加在別人身上，也不能宣稱自己可以替整個文體發言。**任何人都有權在回憶錄中調整虛擬與現實的界線，我會捍衛這份權利，儘管我也主張讀者有權得知真相**。只不過，我本人那些微不足道的寫作實踐，是完全反對捏造事實。

但身為讀者，我的意見可就沒那麼溫和了。無法精確知道哪些段落是作者捏造的，讓我不堪其擾。薇薇安．戈尼克（Vivian Gornick）在接受《信徒》（*The Believer*）雜誌採訪時提到，對於實話實說這件事，她曾經動搖過，即使是在撰寫非小說類作品的時候。

> 我一天到晚在潤飾故事，就連理應實話實說的時候也不例外。事情一直在發生，而我明白真正發生的事件只是故事的一部分，我必須創造整個故事。於是，我撒謊。我的意思是，基本上，其他人會認為我在撒謊。但你懂的。說故事的時候，這是無法避免的。

＊譯注：意指在這個時代，人們不關心真相，而是跟著感覺走，單憑感覺就認定是非對錯。

可我不欠任何人真相。什麼是真相？我是指，真相關誰的事？

呃，如果我照封面標示的價格買了一本非小說，我就會覺得真相關我的事。儘管她肯承認騙人是好事，但任何事後告解都很難重獲信任，尤其是像她這樣含糊其詞或自我辯白的人。這感覺就像吃完午餐之後，熟食店的店員嘲笑你：「我剛剛在你的三明治裡放了一小匙貓屎，你居然沒吃出來。」在我心裡，一點點貓屎等同於整個三明治都是貓屎，除非我知道貓屎放在哪個位置，吃的時候可以避開。

所以，為了捍衛回憶錄的真實性，我拿著我那小小的教鞭站在這裡，試圖於一片沉淪中劃分界線。真相或許早已埋藏地底，模糊不清。但虛假很簡單，只要是在蓄意欺騙的意圖下虛構事件，就是作假。即使在這個時代，經過修圖的臉書照片到處都是，也不難判斷道德上的是非對錯。你心知肚明，模糊的記憶與清楚的記憶之間有所差別，而且，模糊的記憶要麼捨棄，要麼標示為可疑。不論如何，重要的是那些清楚的記憶，因為那是你這一生心心念念、擔憂不已、掛在嘴邊與好奇尋思的回憶。而且，你此刻尋求的是真實的回憶，是屬於你的回憶與個性，而非毫無偏見的公正歷史。

當捏造的情節打破作家與讀者之間的約定，回憶錄作家就會遠離更加深刻的真相，而這些真相只會出現在第五版、第十版或第二十版的草稿裡。沒錯，你可能會誤以為這是常有的事。傑佛瑞．沃爾夫曾說：「真相在暗處埋伏，等著擊倒你。」（我將在稍後的章節提到更多那些令人膽顫心驚的轉折。）但唯有你正視實際的生活體驗，否則更加深刻的意義將永遠埋藏，不見天日。你將永遠無法發掘更複雜的真相，因為那些容易接受的過去，正好與這些真相背道而馳。一旦回憶錄作家捏造虛假的情節來支持故事，或讓自己在讀者面前更站得住腳，他將永遠無法洞悉真正的自己。唯有好好省思過往的生活，才能解放自我，而他正錯過這個機會。

解放什麼？你或許會問。相比之下，捏造一個你可以接受的事件版本，然後堅持這個版本，這種做法不也很好嗎？如果你的目標是美化一個虛假的人，以便推銷給你眼中愚蠢的大眾，那麼，未經反省檢討的人生將會完美達到這個目標，謝謝你。

可是，**不論你是不是回憶錄作家，只要你刪減過去的自己，一如修剪樹上的枝椏，就必須付出精神上的代價**：這代價很可能會一直拖累你，而你卻毫無所覺。此外，除了堅決反社會的人之外，對所有人來說，**這種謊言會在你的偽裝與真正的自己之間切開一條孤寂的鴻溝**。習慣說謊的人也會把自己善於操縱、表裡不一的個性投射在每個他遇到的人身上，導致這個世界變成一場令人焦慮不安的冒險之旅，必須時時戒慎小心。這樣一來，即使你沒有刻意蒙蔽自己，也很難認清事實了。

身為老師與編輯，加上之前幫酗酒的人釐清早年的罪行，我時常旁觀別人仔細而深刻地審視痛苦的過去。在這過程中，我目睹的痛苦不可小覷。你得刺破一個膿瘡，在感染消失前飽受惡臭之苦。不過，隨著時間過去，就我所見，所有一絲不苟的自我檢視——不論是否記載於書中——最終都能換來接納與如釋重負。我們愈是滿腹憂愁，愈是需要回顧過去，唯有如此，才能讓過去成為過去。

●

然而，說實話對讀者又有什麼幫助呢？讓我們假設你有個可怕的童年，每天受盡折磨與嘲笑、老是挨餓、被人用皮帶和軟管痛扁等等。你可以撰寫一本重複單調的悲慘回憶錄，比橡膠刀更乏味無趣。但，那就是「真實」嗎？真的忠實反映出你現在如何將往事塵封起來，或你當初體驗過的經歷嗎？回顧當時，同樣是那些虐待你的人，他們也許曾給了你些食物，不然你早就死了——而你可能因此感謝、憤怒、或者是不屑。毫無疑問地，當時的你若不是獲得虛假的希望，就是要了些小計謀，討他們歡心，進而改善自己的狀況。或者你會回擊，起而反抗；抑或大部分時間都讓自己脫離現實。說不定內在有一個可怕的你，羨慕他們的力量，於是幻想自己也變得那麼強壯。你的童年與眾不同，生活裡穿插鞭打屁股的經歷，正是這種懸殊的差異，為讀者甩掉過去的痛苦，徹底放鬆。如果整本回憶錄少了那些關於「希望」的橋段，所有挨揍的段落就會變得太過重複，或許可以暫時帶來戲劇性的閱讀效果，但是單調的故事情節耐不住重讀。

最吹毛求疵的作者會根據最新資訊全面修訂他們的版本。強・克拉庫爾曾在珠穆朗瑪峰因為缺氧與腦損傷而步履蹣跚，在遮天蔽日的雪暴中認錯了人——這些錯誤在《聖母峰之死》（*Into Thin Air, 1997*）再版時均更正過來了。我也知道克拉庫爾重新修訂幾十年前的故事，差點把他的出版商搞瘋了，就像他最近做的事一樣：他花了十年的時間學習有機化學，直到他有能力修訂《阿拉斯加之死》（*Into the Wild, 1996*）的內容，更改毒害主角的種子。

就我所知，克拉庫爾花在重新檢查與修訂的時間勝過任何非小說作者，這充分說明了他不遺餘力地追求正確無誤。

我朋友法蘭克·麥考特的母親否認她和表弟有染這類的事，但誰不會呢？顯然，不道德的行為不會造就或毀掉《安琪拉的灰燼》（*Angela's Ashes*）。說到母親的失職，任由老是挨餓的女孩死在床上，這才是更嚴重的失職，但法蘭克的母親反而從未否定這一點。如果這不是真的，法蘭克捏造這種亂倫的故事動機為何？尤其是他如此深愛母親？喔，還有凱薩琳·哈里森（Kathryn Harrison）的父親，當時擔任基督教基本教義派牧師的他，否認和凱薩琳發生過性關係，這也不讓人意外。你必須對這些顯然因牽涉個人利益而質疑他人的人抱持懷疑的態度。除了他們，我就沒聽過其他來自家族，有理有據的指摘。

為免讓你認為我是獨自捍衛真相的鬥士，有點瘋狂地無的放矢，我提出這項事實：幾十年來我景仰的自傳作家——幾乎如出一徹——公開發表他們正式出版前的草稿。而且，居然沒有人對他們這些以家族怨言為基礎的內容提出重大挑戰。我的例子包括傑佛瑞及托比亞斯·沃爾夫、露西·葛雷利，以及我以前在雪城（Syracuse）的學生可倫·賴爾凱斯（Koren

Zailckas）和雪兒．史翠德。還有在下我。在我的上一本書，有個小角色曾經要求我刪掉一段離題的趣聞。除了那次小小的轉折，我沒見過有人因為引發家族的怒火而全面修訂書中內容。不過，當我提到這件事的時候，採訪我的人和讀者全都目瞪口呆，大吃一驚。沒人相信回憶錄作家居然並未常常受到他人毀謗與反對，也沒有官司纏身。

那怎麼可能？嗯，正如法蘭克．康洛伊得知母親對《斷線》的回應時說的一句話：「她覺得那是我的故事版本。」最優秀的回憶錄作家會強調報導文學的主觀性質。懷疑與困惑也將化為故事的一部分。

我們也必須分辨兩種回憶的差異，一種是在晚餐桌上爭辯的回憶，一種則是在正式出版前經過幾十次爬梳與修訂的回憶。每個人的個人歷史都塞滿了漫長的家族爭執與哄騙，而每一位報導者都在其中呈現出個人對這段歷史的觀點，將其視為無可辯駁的事實。這些都是私下的爭執，並非正式的論辯。而且我們每次爭執都一副言之鑿鑿的樣子。我們全都身陷這種永遠無法解決的泥淖中。共同回憶產生的裂痕通常不脫這幾種，包括：（1）無法得知的個人解讀——某人的內在意圖或動機；或（2）事件發生的順序——日期、某件事持續多久或多頻繁；以及／抑或（3）對地點的意見紛歧——某件事在哪裡發生。確實，我們都曾經搞錯這類事實，有時候是出於無心，有時候則是熱切地想證明自己對家族歷史的看法正確無誤。許多熱愛家族的人為了證明某個觀點錯誤，往往會誇張其辭，或過度延伸解讀證據，絕不妥協。

但捫心自問，你的家族中有多少人會憑空捏造出每個人都知道是胡說八道的內容，然後還出版？出版謊言需要具備層次完全不同的反社會情結。為保證真實性，回憶錄作家可以跳過記憶不清的場景，或是明白告知內心的不確定感：「這部分記憶有些模糊不清。」這些讀者都可以接受。任何像樣的作文老師都會教你如何處理「或許」與「可能」等不確定的問題。偉大的回憶錄作家不懼使用回憶中曖昧不清的形態，這正是我們信任她的原因。

正當我們對舊權威失去信任之際，我們對客觀事實的信心也同樣受到侵蝕。過去，大家一度認定科學、經典、教會教義是真理的源頭，無懈可擊。世人傳述的歷史則是出自勝利者的觀點——牛仔是好人，印第安人是壞人。我們已經學會質疑五角大廈的報告與總統的堅決否認。歷史和傳記通常會以「釐清立場的文章」做為開場白，說明作家與生俱來的偏見。而當過去向來神聖不可侵犯的真理源頭失去了優勢，主觀故事就會占得新的一席之地。這正是回憶錄目前占據上風的部分原因——並非因為回憶錄沒有出現道德敗壞的情況，而是因為最出色的回憶錄公開懺悔自己的沉淪。

回憶錄大師創造了如此私密的個人內在空間，將回憶片段一一匯聚在此，而讀者絕不會忽略其不確定的本質。**湯婷婷與麥可．赫爾不會製造充滿權威的第三人稱觀點，也不會以全知觀點敘事，彷彿自己就是攝影機般**。他們的書不會偽裝成事實。他們讓你了解他們自己的偏見如何塑造篩選回憶。透過把思緒轉化成文字，心智才能出現具體的輪廓，不再無邊無際；作家不斷提醒讀者，他並不是在觀看以數位檔案播放的外在事件，畫質清晰。這只是傳述者口中的真相。藉由這樣的方式，回憶錄這種文體不斷地推翻客觀真相的嚴格標準。

所以，回憶錄作家的家人如何予以回應？托比．沃爾夫宣稱他更正了幾個小地方，大部分是事件發生的時間順序，但基本上，他還是被自己的記憶困住了，而他的家人一直沒有糾正他。於是，他媽媽口中可愛的小狗，到了他嘴裡總是醜陋不堪。

傑佛瑞・沃爾夫則受限於一個歷史觀：「讀者是複雜的。」他寫道，「他們很清楚承諾已經許下。」但他同時也質疑那些一般歷史學家視為不可動搖且具有代表性的證據——亦即信件、報稅單和日記等文件。

> 文件也是靠不住的東西。我要應付的可是我父親，一個說謊成性的人。你完全無法根據他的所得稅報稅表申報年收入。而我此刻正盯著他的履歷表影本，上面將中央情報局局長列為推薦人，至於學位，則獲頒自美國耶魯大學與法國索邦大學。

再舉一個比較沒有惡意的例子，我們當中有多少人的駕照填寫的是真實的體重？儘管如此，歷史學家依然可能將這類紀錄，或是信件，或是日記，當成可信賴的事實。

自傳作者的工具箱中未必總有「扭曲事實」這項工具。上世紀中葉，當瑪麗・麥卡錫出版《一個天主教女孩的童年回憶》時，回憶錄作家甚至不應該從回憶中拼湊出對話。她的非小說標準是歷史書籍、傳記文學與新聞寫作等文體採用的標準，當時這些標準在世人眼中依然完全無可辯駁，視為絕對真實。當時的我們是更加容易受騙、或更容易遮掩事實，還是當時的標準更嚴格，這我說不準，搞不好三者皆是。

所以，當麥卡錫宣稱自己的書「絕對基於史實，也就是說，大部分內容都經得起檢驗」，她以長篇的斜體字為自己當時的遊走邊緣的任性行為道歉，包括一些並非出於惡意的錯：「但也許我們不『知道』那是流行性感冒。」即使當時把「知道」兩字冠上引號，做為保護措施，以應對當時幾乎不可違背的精確標準——這些標準，對於現今的回憶錄作家而言，也許不再是約束了。以下是麥卡錫主要道歉的部分內容：

1. **關於重現原本的對話**：「在回憶的過程中，我好幾度但願自己寫的是小說。我感受到非常強烈的誘惑，蠱惑我虛構情節，尤其是當我記得事件的本質，卻忘了細節的時候。有時我屈服了，例如在撰寫對話的情況下……對話通常都是虛構的……。我的腦子裡只有幾個零星的句子冒出來。引號代表這段對話大致發生過，只是我不保證這是確切的句子。」（重點在於這是我的印象）。

2. **關於名字的正確性**：「我沒有把正確的名字安在我的老師或同學身上……。可是，這些全都是真人，他們不是拼湊合成的人物形象。如果遇到跟我關係親近的人，我就會讓他們以真名出現，例如鄰居、傭人和朋友。」

3. **關於她的回憶本質**：「在這本回憶錄中，有幾個不確定的地方……。我們究竟是何時感冒的，這個時間點似乎頗有爭議。根據新聞報導，我們是在旅途中得了感冒。這一點卻和哈利叔叔與左拉嬸嬸帶來感冒病毒的情節產生衝突。我目前的回憶比較偏向這個看法：有人在我們離開之前就已經生病了，只是，我們或許不『知道』那就是致命的流感。」

4. **或者關於誤植的回憶本質**：「我們並未看到（父親拔槍）……我是從外婆那裡聽到這件事的。她告訴我的時候，我有種感覺，彷彿我依稀記得這件事。那是因為大腦立刻為我提供一個畫面。」

打從少女時代開始，回憶錄作家的真相就一直在口耳相傳之間移交下去（或演變下去）。在麥卡錫後來的著作《思想回憶錄》（*Intellectual Memoirs*, 1992）中，我們文化的真相轉型接近完成。她近乎輕蔑地談論「對事實的盲目崇拜」，但在《一個天主教女孩的童年回憶》中，她仍然偏向那個概念。

不論你和讀者有什麼協議，我都贊成事先說清楚，就像哈利．克魯斯在他一九七八年出版的《童年：一個地方的傳記》中的做法。他對「真實」的看法比沃爾夫和我的想法還要搖擺不定，但他坦白承認。他從開頭第一個句子就欣然擁抱八卦、道聽塗說和各種形式的偽造。

> 我的第一個記憶是在我出生前十年，而且是發生在從未去過的地方，包含我從未見過的父親。

如果你對這類流言心存輕視，不妨想想福音書，當中的內容大都來自人們口耳相傳的故事。一旦少了別人的故事，克魯斯就無法把自己和早逝的父親連結在一起。我們之所以接受他的敘述方式，部分原因是出於對他的同情，看在他如此思念老父的份上，當然，也有部分原因是這樣讀起來很有趣。

我記在這裡的回憶真的發生過嗎？當那兩個人說出我記下的話語時，他們的想法真的一如我說的那樣嗎？我不知道，也不在乎了。我對父親的認識完全來自於別人述說的故事。

克魯斯宣稱，不論他在細節上可能出什麼錯，他聽來的故事「在精神上」永遠是真實的。不管那意味著什麼，此舉確實為撰寫非小說的人開闢了一個相當大的逃生出口。

此外，克魯斯先前的闡述方法也影響了我們——不只是透過他運用傳聞的方式，還擷取他兒時充滿想像力的觀點，就像他與他的狗山姆經歷的那番長談。

「如果你是個男人，你就不會像剛剛那樣拍打小蟲子，吃掉那些蒼蠅了。」我說。

「在這世上，吃掉小蟲子和蒼蠅不算一回事。」牠說。

「人們就是因為這樣才會把你當狗對待。」我說，「如果不是你吃掉蒼蠅和小蟲子的話，你進屋子時大可以表現得像其他人一樣。」

於是，克魯斯讓我們知道，他對於外在真實性或報導歷史採取搖擺不定的態度，就像蛇蜿蜒前進的路線一樣。

他在書中稍後章節寫到一起受傷事件，只是，實際情況不太可能如他描述的那樣。他在別人燙豬的時候（把整隻豬浸入滾水裡，以便拔毛）時在一旁玩，克魯斯聲稱他掉進滾水裡，「旁邊有一隻載沉載浮的豬正在汆燙」。

我伸出左手碰觸我的右手，皮就像一只溼手套般剝落。我的意思是，手腕和手背上的皮膚，還有一些指甲，全都脫落，滑到地上。我可以看見自己的指甲掉在前方地上的肉池裡。

我對這本並未受到應有重視的回憶錄滿腔熱血，因此還打電話給一位在燒燙傷單位從醫的好友，確認一個孩子是否可能在這樣的傷勢下，卻沒有留下可怕的創傷，或保有肢體完整。當然不可能。

不過，這種誇張到不切實際的描述方式，卻符合克魯斯出身於喬治亞的菁英背景。這種誇張的修辭法源頭可以追溯到南方原始粗獷與狂暴怪誕的行事作風，以及營火旁荒誕不經的故事，例如馬克・吐溫著名的跳蛙故事，在故事中，賭徒吉姆・史邁利（Jim Smiley）為了贏得打賭，真的「跟著一隻金龜子走到墨西哥」。誇張的修辭法往往反映出一個文化過度野蠻與追求欲望，克魯斯曾一度嘲諷：「任何值得做的事都值得做過頭。」（這完全就是我們許多酒鬼心中吶喊的口號啊。）

既然每個人處理真相的方式源自本性，而我最熟悉的莫過於自己的本性了，因此我覺得有必要詳細說明我的方式，儘管我的權威度並未勝過其他回憶錄作家。

雖然我和克魯斯一樣，會從自己「浮誇」的過去引用一些荒唐的故事或謠言，但我真的沒有一丁點杜撰的天份。我非常喜歡短篇小說這種文學形式，但每當我想要自己提筆寫一篇，每個角色要不是還沒進入第二頁就死掉了，就是變回我記憶中的實際模樣。當我困在機場，手邊的閱讀裝置又沒電了，我通常會選擇買本非小說，而不是小說。

早年我常被兩句話騙倒，而且還深信不疑，那兩句話是：「我沒醉。」（這多半是謊言）還有：「喔，別擔心，一切都會沒事的。」這話倒常常不假，只是時真時假的頻率足以讓我的腦子一團混亂。在高中，我姊姊捏造假條蹺課，約會時找藉口放男生鴿子，這些都成了小說的種子，只是並未撰寫成文。其中有一句格言依然裝飾在她的節日餐桌上，足以變成有價值的家徽：**「把善意謊言說好，並堅持到底，往往勝過真相。」**

這一切簡直快把我搞瘋了。我從小到大不相信自己的觀點，卻信服佛洛依德的理論，認定真相將會讓我解放，於是我開啟了一場貫穿一生的追尋，試圖釐清我的童年究竟發生了什麼事。當我開始刺探我媽的過去，雖然她起初以自殺要脅，但仍在我滿二十五歲前讓步了。挖掘真相帶來徹底的療癒，解救了我那分崩離析的家族，她思緒清明，在愛的圍繞下死去。

在我投入回憶錄懷抱的五年前，我嘗試以小說的文體述說自己的故事。對我來說，虛構事實讓我遠離我生來就注定要述說的故事線索。就連使用假名都會讓我的腦子一團糟。我心中有個聲音不停地糾正：「但那不是約翰啊，應該是鮑伯才對。」所以，我必須在草稿中使用真名，最後才全部使用尋找與取代的功能改過來。

我之所以事先把原稿寄給朋友和家人，是因為我常常不相信自己，畢竟從小到大我都在懷疑自己的觀點。再加上我的親戚已經修改他們的故事太多次了，我希望他們在紙上簽名認證之後，可以終結我這一生的臆測。

很久以前，我還年輕的時候看起來很容易擺佈，有位出版社職員試著敦促我調整第一本書的內容，在向母親告別的段落中虛構一個場景。「讀者必須知道當時是什麼樣的情景……」可是我什麼都不記得，最後只好用猜測的語氣描述：

媽媽肯定會對我們的離開大聲抱怨，不是吼叫、哭泣，就是醉倒了，生悶氣。可我不記得這種場景……那一幕的簾幕從未打開……我的記憶把媽媽本身剪掉了。她確實含糊答應很快就會來找我們，但我並未真的聽到她那麼說。

然後，此時出現逆轉：我現在猜想我們的離開讓她感到如釋重負——時間會扭轉想法，這就是時間的本質。當我仍年輕，母親也還在世的時候，我們都覺得假裝她為我們努力過比較容易。只是，我其實從未見過母親為了想要我們的陪伴而努力，她總是更喜歡獨處帶來的瘋狂自由。我開始寫書時，不禁猜想她其實不太介意我們不在身邊。

雖然我在撰寫《大說謊家俱樂部》（*The Liars' Club*）時，書中內容對我來說都是真實的，但從這個時間點來看，當時我對自己的家庭有種相親相愛的錯覺，而那些內容看起來正是這種狀態下的產物。那段日子裡，我依然沉浸在一種強烈的渴望中，就像一個孩子，總想把光環加諸在我的整個家族上。如今我提筆寫下那些往事，對他們就沒那麼寬容了，反而對年輕的自己可能還多些同情。年紀是否賦予我更多餘裕去關照青春年少的我，還是生活的蹂躪讓我的心備受折磨，於是我變得更自私了，我不敢妄下結論。我現在是健康地減少對家庭的依附，還是變成更糟的壞女人了？這兩種答案隨你說。雖然我已經按照書面紀錄修正書中出錯的日期或事實，但我無法改變任何對於過去的主要反應，除非重寫。提筆寫下那本書的「我」早已戴著有色眼鏡看那些事件。我無法憑空杜撰，但如今，我加進書裡的其他場景，卻很可能減少了故事中的寬容度。

正是**「詮釋」帶我邁進作家最大「謊言」浮現的泉源**。我依然傾向寬容對待任何角色。就像我提到母親在我的生日餐中把義大利千層麵扔向我爸爸，而這只是他們無數爭吵的其中一次，每次我都覺得是我的錯，但我也提到她在爸爸離開後收拾乾淨，還在德式巧克力蛋糕上點蠟燭——如果刪掉這個場景，她就會被扭曲成壞女人，而她其實沒那麼壞。安・法第曼（Anne Fadiman）曾描寫過一位十九世紀的水手，聖誕節那天帶許多橘子回家。他把自己鎖在房間裡，獨自大快朵頤，任由飢腸轆轆的孩子們拚命抓門。他是個混蛋，對吧？等你發現他因為缺乏維生素C而罹患壞血病，你就不會這麼想了。

用個比喻性的說法，我總是想在我描寫的角色身上，找出壞血病的蛛絲馬跡，為他們留下可供迴旋的餘地。在上一本回憶錄中，我沒辦法光揭發前夫會惡意譏諷人，卻不提及他從未那樣對我說話。或許，正是因為如此，那件事才會深深刻印在我心裡：因為那不符合他一貫的性格。當一個作家的觀點更貼近過去的內幕時，就很可能只把注意力放在侮辱讓他感覺受傷，卻未提及事實，因為這會立刻刺激讀者。大多數時候，我都努力把焦點放在自己與自身的過失上。

我得鄭重聲明，我曾經用過以下手法隨意改動事實，這些手法如今看來已經相當常見：

1. **重組對話**。我以前常說：「這段對話差不多就像這樣。」但大多數讀者都會假定這就是實際對話。還有，我在後來出版的書中並未使用引號，透過這種方式，我試圖讓讀者更「融入」我的體驗——我想，這就是迴避歷史標準的主觀本質。

2. **為了保護無辜的當事人而改名換姓**。我大多數朋友都不滿他們的假名，噓聲四起。

3. **改變環境細節**。大多數不重要的角色，例如警長或校長，我都覺得沒必要費心去追查。他們搞不好已經過世了，就算依然健在，我也不想承擔可能記錯的責任。

4. **為了保護隱私而模糊帶過人們的外貌細節**。我已經用這種方法處理過許多不重要的角色，比方說市長。但我描寫《大說謊家俱樂部》中住在附近的強暴犯時，不希望家鄉的人誤以為是當地不良少年之一，怪罪錯人。於是，我讓這個罪犯穿上吊帶褲，在我們那一帶沒有人這樣穿，此外，我還改了幾個地方。先前我希望前夫審閱《重生之光》（*Lit*）的原稿，但當我提前和他洽談時，他說他寧可我模糊帶過他就好。

5. **在適當的時候來回檢視書稿，一旦發現你當初缺少哪些資訊，而這些訊息足以打破原先的觀點，就補充進去。**（假設，倘若你隔壁的鄰居原來是連環殺手泰德·邦迪〔Ted Bundy〕，你或許得用括號注明，因為你認為讀者會想知道。）當我補充資訊的時候，必須明顯看得出來我是從另一個時間點發言。

6. **縮短時間：「十七年後，爸爸中風了……。」或是運用一段經歷代表整個七年級。**也就是說，利用指向特定時期的活動，來代表整個時期。我會跳過沈悶的部分。

7. **調整敘事。**當然，你選擇撰寫這件事，而非那件事，在下筆的那一刻就已經刪掉一些東西了，你可能也會認為這是竄改。你認為的重點在別人的雷達上可能只是一個小光點。

8. **在激烈的場景中間穿插其他描述，寫出我在那個當下可能沒意識到的事情。**這或許是我說過最大的謊言。我之所以這麼做，是因為我一直在生活中試圖重新創造外在世界，所以，我老是為讀者編造經驗。我肆意妄為，但由於我是天主教徒，因此我對自己的行為又有罪惡感。

9. **應朋友的要求，為了保護她而暫時修改事實**。我的朋友梅瑞狄斯一直是精神病院的常客，但她還是不希望我公開描述她在學校用刮鬍刀割腕的場景，因為那一幕對她年邁的母親是種折磨。她同意讓我們共同的朋友成為她的替身，於是，第一版中自殺的朋友變成史黛西，後來的版本則改回梅瑞狄斯。

10. **重拾舊日幻想**。我的內在世界比外在生活要廣大許多，而在我的過去，有些幻想看起來俗氣真實。當然，我得說，那只是幻想，不是事實。在《大說謊家俱樂部》中，我也虛構了兩則荒誕的故事，反正那本來就是胡說八道。

11. **加入我沒有親眼目睹、只聽說過的場景——雖然我早就承認自己這麼做**。以下摘錄自《重生之光》：「媽媽最後一次和哈洛德喝醉的情景如此栩栩如生，畫面中奇怪的細節散發如此強烈的藝術性，導致我描述時自由發揮，彷彿自己就在現場一樣，因為一個說得好的故事往往就足以讓你身歷其境。」

12. **關於詮釋對方：只要可以，盡可能寬容公正；如果實在做不到，就承認自己的立場對立。**我通常會把焦點放在自己身上，專注於本身的掙扎與努力，而非猜測別人的動機、憑空捏造事件與角色。

第三章

為什麼不要寫回憶錄：

附上小測驗，助你保護血淋淋的傷口，擋住嚴厲的指責

如果你閉口不談自己的痛苦，它們會殺了你，還說你樂在其中。

——柔拉．妮爾．賀斯頓（Zora Neale Hurston）

如果有人問我如何撰寫回憶錄，這個問題有點像是在說：「我真的很想做愛，應該從哪裡著手？」一個人的幻想很可能毀了另一個人的浪漫情懷。這取決於你身體內外的生理構造、荷爾蒙的多寡、心理狀態。或者，這就像在說：「我想改頭換面，哪個樣子適合我？」歌德女孩絕不會選擇萊姆綠的毛衣，富家子弟則對黑色口紅不屑一顧。

我說過這很難，難處在於：就我所知，**不論是誰，只要陷入回憶的水澤夠深，的少都逃不掉溺水的命運**。法蘭克．康洛伊在撰寫《斷線》的過程中，連續好幾週都爛醉如泥。凱羅琳．西在寫完《浮生一夢》（*Dreaming*）初稿的兩個小時後，因為病毒性腦膜炎而倒下，病情導致她出現複視的症狀：「我的大腦用這種方式告訴我：『妳一直在看妳不該看的地方。』」馬丁．艾米斯（Martin Amis）著手撰寫《經歷》（*Experience*）時，曾說感覺自己被榨乾了。寫小說儘管壓力大，但在一天的工作結束後，他通常可以放鬆心情；而寫關於父親的回憶錄，卻讓他筋疲力竭。傑瑞．史塔爾（Jerry Stahl）在《永恆午夜》（*Permanent Midnight*）中描寫自己有海洛因毒癮時，毒癮再度發作。

好幾個午後，我累倒在研究室地板上，就像開完長途的卡車司機一樣。我必須拚命讓自己保持清醒，不要睡著。有一次，我問心理醫生這是不是因為我在壓抑一些回憶，他說：「不，你是真的累了。」我也記得，當我和編輯翻完原稿的最後一頁時，突然感覺我的臉湧上一陣熱——結果真的高燒超過三十九度。我得了肺炎，以前我從未得過這種病。這就是不要寫回憶錄的絕佳理由，你可以利用接下來的小測驗來判斷你是否準備好了：

1. **如果有些人嘮嘮叨叨地責備你錯得多離譜，讓你心裡備受威脅，或許你應該等到心情平復了再繼續。**你可以在乎別人的想法，前提是你並未因此受到情緒勒索。

2. **萬一你的記性很糟，就放棄吧。**許多人問我如何回想過去，我的回答是，想不起來其實是一種幸運——去找其他正事作吧！

3. **如果你正在撰寫的事件，發生的時間距今還不滿七到八年，你會發現寫起來比想像中要困難得多。**距離讓我們從過去自我的虛榮中解脫出來，看到事件更深刻的層面。

4. **同樣地，如果你還年輕，你或許會想等一等。**我們大多數人在三十五歲之前依然像黏土一樣柔軟。（我知道，戴夫．艾格斯〔Dave Eggers〕撰寫他那本非常成功的《怪才的荒誕與憂傷》〔*Heartbreaking Work of Staggering Genius*〕時，才十二歲左右，但他是例外。）

5. **如果你是為了療癒自己才這麼做，你還是付錢請人聽你說話吧。**你的心理健康應該比你的文學作品重要許多。

6. **如果你想要報復，聘請一位律師吧**。或者找個讓自己樂在其中的方式。我有個朋友，他的書受到一篇評論惡意中傷，後來那位評論家寄自己的書來，問能不能替他寫篇書評。我的朋友怎麼回覆？「我把書拿到屋後的門廊，一槍射穿它。」他開完槍之後，把書寄回出版社。去買些飛鏢和圓靶吧！文學不是為了復仇，而是為了讀者而生。

7. **不要描寫你恨的人**（雖然休伯．塞爾比〔Hubert Selby〕宣稱你下筆時可以心懷大愛）。同上：不要描寫你正在進行中的離婚過程。

8. **如果你的文章影響了一群人（例如一個班級或種族），務必確保你已經準備好迎接任何惡果**。湯婷婷被華人社群排擠過；麥考特則遭受來自愛爾蘭人的沈痛指責。

9. **如果你是正義的鬥士**，從未道歉過或改變心意，那麼你將因缺乏靈活性，而無法在探查時深入真實。

10. **與上述相關：如果你無法重寫，就放棄吧！**你必須有能力重新思考，並更正輕率的解讀。

如果你依然想要繼續進行下去，請確保自己能夠處理所有可能浮現的感受。一旦你通過這項測驗，我將用我的細字原子筆輕輕敲打你的肩膀，帶著祝福冊封你。

讓我們假設有件不太好的事發生在你身上——對每個想寫回憶錄的人來說，這都不難實現。一旦你動筆，自然而然就會寫到那「最糟的一幕」。讓我們面對現實：你害怕這一幕，正如同有錢人害怕納稅的時刻，魔鬼害怕耶穌。那就像陰魂不散的幽靈。

你現在就要把它寫出來了。

不要誤會我的意思：你的目標不是填滿這些書頁。完全相反。這份草稿將收藏在資料夾中。我希望你和最糟的回憶一起在房間裡坐上幾小時，好好體驗這種折磨。儘管如此，你將展開一種定心的練習，力圖挖掘你那正常的自我，進入更深的層次，更加接受真相。市面上有一籮筐的書，主張靜心是釋放創意能量的訣竅。從一到十數息吐納、畫曼陀羅、觀想、研讀神聖經典……成千上萬的技巧任你選擇。

在說服強硬的大學生嘗試靜心之際，我運用NBA名教頭「禪師」菲爾・傑克森（Phil Jackson）在《禪師的籃框》（*Sacred Hoops*）中的故事，發現頗為奏效。課堂上那些拒絕閉上眼睛、喜歡瞎起鬨的學生，都願意以傑克森為榜樣。

菲爾在書中提到自己年輕時打籃球，憑的是一種勇士般的自我激勵，追求主導而熱血沸騰。但進入NBA後，當身體條件達到極限時，他選擇培養心理優勢。透過靜心禪修，傑克森察覺自己腦子在比賽過程中會出現雜音，包括憤怒（「該死的張伯倫〔Chamberlain〕。下次他死定了。」）與自責（「菲爾，六年級的學生都能投進那顆球！」）

> 心中的碎念永無止盡。然而，只要用心覺察這些爆走的思緒，我的心居然一反常態，開始平靜下來……。尤吉・貝拉（Yogi Berra）曾如此說過棒球：「你怎麼可能同時思考和打擊？」同樣的道理也適用在籃球上，只不過一切發生得更快。

寫作也是一樣的道理。為了挖掘最深的才華，你必須尋求心靈的平靜，唯有達到這種境界，你的大腦才不會保護你那脆弱的自我，心房也可以打開一點。對我來說，我的心一直在審視自己所處的位置——和他人、甚至和之前的自己比較、競賽，焦慮不安，心裡籌劃著如何搶得領先。但是，在那底下，有另一個自我靜靜地關注一切。有一次，一個朋友打電話來說她快發瘋了，我反問她：「是誰發現妳瘋了？」你肯定會想在起步的時候就接近那個平靜覺察的自己。

只要找張椅子，讓自己坐下來（正如一位智者所言，椅子是作家唯一的需求），然後在接下來的十五或二十分鐘內，練習讓注意力跳脫大腦，往下轉移到你的胸部或太陽神經叢，這個區域更加浩瀚廣闊，自我意識沒那麼強，比較不容易受到驚嚇或緊張。重點在於讓你的心智放開掌控。所以，一開始，你的思緒可能會到處亂飛，千萬不要批判這種情況。你終將會開始多少辨識出那個超然覺察的自己，減少接近喋喋不休的大腦。

你正在尋求足夠的寧靜，好讓「真正的你」進駐你的內心。靈感萌生，將述說真實的精靈導入體內，帶著如炬的目光穿越通往過去的大門。別睜開眼睛，慢慢靠近你記下的回憶。你可以先從肉體的角度來建構整個場景——我指的是運用感官印象，而非肉欲。嗅覺是最古老的感官，就連缺少脊髓的單細胞動物都具有嗅覺；而且，嗅覺最能夠提供線索，引出情緒記憶。**如果你可以想起當時當地的氣味，例如剛修剪過的草地或檸檬味的家具油漆，那麼你已成功一半，即將回到當時的情境了。**

你看見、聽到、碰觸、嚐到什麼？你身上穿了什麼？衣物的質料粗糙，還是平滑？如果你在海灘上，含鹽的浪花四處噴濺，而你需要一件毛衣。在壕溝裡，汗水順著你的脊椎慢慢滴下來。你的嘴裡有什麼味道？

我總是把我下筆前的狀態比喻成太早醒來，只想找個蟲洞，一頭鑽進那個更真誠的地方。你想要更清晰的感官回憶，找到珍貴（或厭惡）的東西。最重要的是，你想要找到過去的身體。你冰涼的手握著一個盛滿葡萄汁的透明玻璃杯。那隻玩具猴背後有開關，只要打一下牠的頭，牠就會用力敲鈸，對你發出噓聲。你需要一個連結身體與心靈的關鍵，一段你深深信賴的回憶做為起點。然後，任由回憶發展。當然，這不會是連續的影像，只有跳躍的片段，零星畫面與想法。

現在，睜開眼睛。如果你做得沒錯，整個情景應該栩栩如生，或許還有點可怕。許多學生睜開眼睛時都淚如泉湧。

安坐片刻，讓這一切滌淨過去。你應該會感覺到自己彷彿置身其中。如果你真的夠幸運，你會找到方法重回以前的自我，從你那年輕許多的臉龐往外看。恭喜你。那會是令人印象深刻的體驗。我們大多數人都只能匆匆一瞥，得到一些零星片段。

現在，接下來是測驗的部分：你可以置身於那個情境下，卻不崩潰嗎？如果你哭到雙肩顫抖，鼻涕橫流，答案或許是不可能。那你還是打電話給朋友，預約按摩，去散個步吧。你還沒準備好。時機尚未成熟。

如果你看到的東西不多，或什麼感覺都沒有，你可能也還沒準備好。或者，如果你唯一感覺到的是自以為是的憤怒，你或許不善此道，除非你的書是在探討更大的暴行（也就是說，你是蘇丹的「失落的男孩」*。

如果你覺得自己與過去產生一種情感上的連結，感受如此逼真，往事歷歷在目，你宛如身歷其境，心裡滿滿的感受，甚至還可能哭泣，但並未心力交瘁——那就投入吧！

現在，試著寫幾頁，作為將來參考的筆記。因為你尚未確定聲音或其他任何事，所以不需要記下各種背景資訊、逐一考證年代等等。那種內容只會讓你陷入思考，然後把你逼瘋掉。你可以自由書寫，當作讀者已經掌握一些資訊了。等你真正進行到這部分章節，讀者就會知道這些資訊了。

或許你會問，這是在為誰寫作？很多人會說：「我為自己寫作。」我沒那麼酷。我習慣想像一位我敬重的作家朋友，也許是以前的老師，或我兒子，甚至是已逝的牧師。這幫助我釐清思緒，決定如何安排資訊的順序。再說，如果你和治療師正在聊這件事，或和朋友共進午餐時說起，你肯定立刻知道該在哪裡提到哪些訊息。

如果你心裡有個讀者，或許可以用書信的格式記下場景，盡可能蒐集你體驗到的感官細節。同時，你將嘗試描述你的內心，不論是現在你觀看這一幕的感受，或是當時你置身其中的感受，這兩個觀點都可以。如果你在過去與如今成年的自己之間往返，從現在式溜進回憶裡，請寫出你的感受。

這裡有一些問題，或許可以在過程中推你一把。此刻你想得到什麼，怎麼做？哪些方法奏效？哪些方法沒用？如果對你的人物來說，這是特別糟糕的回憶，你必須確保自己不會把它搞得更糟。回憶錄作家的任務不是在每一頁增加爆炸性的打擊，而是幫助一般人進入書的世界。否則的話，讀者將會呆呆地看著你，就像盯著《施普林格科學期刊》（*Springer*）一樣，或是可憐你——不論哪種情況，你都會損失一些權威性。這本書變得太過著重於你的感受，而不夠顧及讀者。

最後，把書稿放在一邊，至少一個禮拜都不要去想它。你希望它像果凍一樣凝固成形。然後，當你重拾書稿時請捫心自問：我還有哪些內容沒說到？其他相關人等是否會有不同

＊編注：一九八三年爆發蘇丹內戰，持續二十年的戰爭遺留下許多孤兒，被稱為「失落的男孩」，後來有部分被遷往美國定居。

的看法？

最重要的是，我有多害怕公開發表？這時請克服看起來好壞的問題。是否有任何心態或自我意識，可讓你刪減、修正或坦白，並且加以運用？

當我身為作家的信心跌落谷底之際，我對自己能不能寫完《重生之光》已經不抱希望了。我考慮賣掉公寓，把預付版稅還給人家。然後，有位耶穌會的好友問了我一個相當簡單的問題：如果你不害怕的話，你會寫些什麼？剛開始我真的不知道。但我明白，只要找到答案，就可以重啟寫作的大門。

現在你或許不大清楚，如果不害怕，自己會寫些什麼。我很少搞清楚。每時每刻都在掙扎。可是，如果你熱切地尋求答案，那麼你就準備好了。上天會助你一臂之力。

第四章

一種觀點創造一個人

我相信，當末日的喪鐘在落日的餘暉中響起，在海潮退去的礁岸旁消散，即使在那一刻，世間仍可聽到人類綿延不斷的微弱說話聲。

——威廉・福克納（William Faulkner）

每一本精彩的回憶錄是生還是死，百分之百都仰賴「觀點」（voice）。這是一種傳達作家體驗的系統，就像畫面清晰明亮的寬頻有線電視，清楚呈現一個人的內在與外在經驗。每個「觀點」都經過巧妙地塑造，凸顯作家的個人才華或觀看世界的方式。回憶錄作家最初總是笨拙地摸索，寫下事實，描述軼事。一個作家或許得試寫上百頁的草稿，才能找到一種述說的方式，開始呈現獨一無二的自己與自身的體驗；然而，一旦找到，他就可以清楚回溯那些感官與內在的體驗，作品也會充滿電力。對讀者來說，從第一個句子開始，「觀點」就必須存在。

因為回憶錄是這麼簡單的文體，即使是在最糟糕的書中，那些收錄的事件幾乎沒有經過解讀詮釋，寫作毫無章法，讀者還是可以理解。但是，如果擁有夠強的「觀點」，它將幻化為一個「真實的人」，一個帶領讀者穿越各種混亂的傳述者。如果故事引人入勝，「觀點」確實有幫助；但是，一個好的口吻可以透過詮釋解讀，把最沉悶乏味的事件變成引人矚目的事件。

一個作家在探究心理衝突時，會尋找牽引內在真相的光束，用來照亮前方的路，並在過程中逐漸發展出「觀點」——這正是「觀點」形成的祕訣。當藝術家有意識地構思一個「觀點」時，構成的要素必須能自然表達出她的個性。所以最重要的是，營造出的「觀點」必須聽起來就像是那個人——那個人最有趣的版本——並且源自她的核心自我。

我認識的優秀回憶錄作家中，幾乎每一個人在書中的口吻都和本人並無二致。如果書頁是面具，你撕下來只會發現作家的臉孔正好符合面具的模子，公開的自我與私下的自我之間毫無差距。這些作家的觀點讓你感覺自己貼近他們，幾乎觸及他們的內心。誰不會半路思考？就連哈克・芬恩（Huck Finn）或史考克寶貝狗（Scout a pal）*等虛構的敘事者都會這麼做。

「觀點」應該為情緒的基調留有一些空間——太過自作聰明，就無法傳達哀傷之情；太過悲苦，又會顯得尖銳刺耳。「觀點」必須在內容與讀者之間拉開距離，並保留變化的彈性——從冷靜與漠不關心，到高度緊密。與其說作家選擇了風格，不如說這是與生俱來的，來自於他的身份和過往的經歷。

「觀點」不只是說話的方式，還是一種心態與理解事物的方式，源自於過去的感受。這就是自我覺察如此關鍵的原因。若一個作家過著未經反省檢討的人生，難以從另一個角度

＊編注：美國小說家馬克・吐溫小說中的人物。

重新思考一段衝突，她多半不擅長建構觀點，因為她的防衛心態會介入她與必須表達的觀點之間。此外，我們天生傾向把當下的自我重疊在過去的自我上，如果我們想要憶起的往事並不支持我們目前對自己的認同，這種傾向就會阻礙我們想起那些往事。或者，這種傾向會導致我們曲解事實，只為了符合讓人更自在的詮釋。我們必須坦白所有過去曲解之處，而這種反思與疑慮都必須在觀點中表現出來。

你從一開始就簽下了契約，獻上你能搜集到最深處的自我，沒有矯飾。別的作家也許不會，但曾和我對談過的每一位優秀回憶錄作家，在勇敢面對真實事件時，聽起來都苦不堪言。這就是我們這一行的本質。真相像一條導火線，能引爆作品，賦予其生命。

如果讀者感覺到作家的心中存有某些欺騙或矛盾的元素，令他難以認同，將會大大損害作家的權威，讀者開始評估是要繼續讀這本書，還是吃「胖胖老公」（Chubby Hubby）冰淇淋配電視——這可是場相當難贏的比賽。

你在現實世界如何迷倒眾人，就該在書頁上照辦。許多出色的作家不贊成施展「魅力」，但我指的不是字面上的意思，好像要你憑空變出弄蛇人，利用被拔掉毒牙的動物耍把戲。太多作家以那樣的方式和讀者建立連結，反而造就出一些乏味無聊、與世隔絕的書籍，只為了滿足這些藝術家洋洋得意的自尊。「魅力」（Charm）這個詞源自拉丁文「卡門」（carmen），意思是「唱歌」。透過「魅力」這個詞，我想說的是歌唱得夠好，才能吸引住讀者。不論在現實生活中人們喜歡你什麼地方，都會在書頁上顯現；讓他們抓狂的地方則會使你謙卑。你有美好的一面，也有可惡的一面，兩者你都需要，如此才能吸引讀者的注意力。

可惜的是，若書中少了作家的陰暗面，例如小氣、虛榮心和詭計，書頁間將散發出胡說八道的味道。人們或許會因為你很溫暖而喜歡你，但容易生氣或太過緊綳也是你的特質。在你散發魅力與自信的天賦背後，同時隱藏著陰謀詭計的才能。你個性孤僻，深奧難懂，也有點鄙視他人。回憶錄作家必須拿捏所有特質，這意味著你必須抗拒自己想要偽裝成別人的本能，比方說讓自己變得更友善、更聰明、更迅速、更有趣。回憶錄作家不可能集所有優點於一身。

理查・萊特（Richard Wright）的《黑男孩》出版於美國黑人民權運動前，他似乎刻意避免施展魅力，而是帶著一股怨氣訴說他付出的苦痛代價。那種拒絕迎合討好的態度塑造了他才華的核心——以冷酷無情的目光眨也不眨地凝望世事，用一種無法壓抑的憤怒向我們述說。

萊特這本於一九四五年出版的《黑男孩》，在上個世紀掀起美國回憶錄的熱潮（他是在一九四三年寫出這本情感充沛的書）。緊隨其後出版的其他暢銷巨著有：多瑪斯・牟敦的《七重山》、弗拉基米爾・納博科夫（Vladimir Nabokov）《說吧，記憶》、瑪麗・麥卡錫的《一個天主教女孩的童年回憶》（1957）。雖然納博科夫於一九三六年就開始在法國發表文章，麥卡錫則是一九四六年在《紐約客》發表，但對我來說，萊特是第一個在默默無聞的情況下，就以書籍這樣的長篇作品贏得讀者的心。萊特開始塑造出我們今日認知中的文體（接下來的後起之秀則是瑪雅・安吉羅和法蘭克・康洛伊，毫無疑問，他們是效法上述先驅）。

布克・華盛頓（Booker T. Washington）的《超越奴役》（*Up from Slavery*）曾是美國國家暢銷書，不過，華盛頓在那之前已經是重要人物了。萊特是第一位以默默無聞的非裔美國人身分一舉躍上《紐約時報》暢銷作者之列的人。當然，他不是最後一人，麥爾坎．X（Malcolm X, 1965）和安傑羅（1969）隨即跟上他的腳步。我的少女時代在有種族隔離的德州讀過，在當時限制言論自由的風氣下，這些書讓我看到什麼叫種族歧視。如今我甚至在想，那些回憶錄在某種程度上引爆了美國民權運動，倘若沒有這些回憶錄，黑人的經歷就只能透過社會政治演講這個途徑來表達。萊特拒絕像溫厚的湯姆叔叔那般，以順應民意的文字博取大眾歡心，這在他的時代是一種革命性的創舉，而且在那樣的背景之下，讀起來十分逼真。當然，他也會以詩意的方式傳遞其觀點：

每件事都有隱含的意義，透過生活中的時時刻刻慢慢釋放。當我初見一對壯碩如山的黑白斑馬踏在塵土飛揚的路上，不禁感到驚奇。看著紅紅綠綠的蔬菜整齊排列生長，在夕陽下往燦爛奪目的地平線筆直延伸過去，我捕捉到一絲喜悅。

如此溫婉的片刻，與在當時芝加哥依然實行種族隔離的殘酷現實形成對比。他以一種混亂失序的狂怒作為《黑男孩》的開頭，決定放火燒了家裡的房子：

我的想法漸漸成形。我很想知道，如果我點燃一捆稻草，放在長長的白色絨毛窗簾下，會變成怎樣？我動手試了嗎？當然。

在這之後，他被母親打得半死，在床上度過一段與幻覺為伍的日子。過沒多久，他找到反抗與激怒惡霸父親的方法。當時一隻喵喵叫的小貓吵醒老傢伙，他怒氣沖沖地叫理查讓小貓閉嘴：「殺了那隻該死的東西。」男孩照做了。理查．萊特以冷靜超脫的筆調描寫自己殺了那隻小貓的過程。在他和父親就殺掉小貓的「正當性」進行一番據理力爭的辯論後，他寫道：

我第一次勝過父親。我讓他相信我完全照字面意義去執行，這樣他就不能懲罰我了，否則會危及他的權威性……我讓他明白我覺得他很殘酷，但我並未因此而受到懲罰。

萊特這起仿照律師辯論的例子避掉了所有對道德的信仰，揭露了他生來就注定要透過吵架爭取真相與地盤，即使是在自己的家裡。美國出版商要求他把書名從「美國飢餓」改成「黑男孩」，將虛無的標籤變成帶有種族歧視的稱號。也正是從那一刻起，他的觀點凌越眾人，建構出不可撼動的真實感，拒絕一切柔焦。他是少數幾位成功做到這一點的回憶錄作家之一（德語小說家托馬斯．伯恩哈德〔Thomas Bernhard〕的《蒐集證據》〔*Gathering Evidence*〕與葛瑞夫茲〔Graves〕的《告別一切》〔*Good-Bye to All That*〕也讓人留下痛苦的印象：那種語調感覺就像探究他們的真相時無法避免的代價，這些內容若出自其他作家之筆，讀起來就會讓人難受）。

●

根據我的教學經驗，只要是用心寫下的真相，並且足夠坦白清晰，允許一定的情緒變化廣度，都會深深吸引我。我不確定是不是每個人撰寫生命體驗都能贏得我的讚美，但我的學生似乎相當擅長拼湊出獨特的觀點，牢牢抓住我的心。而觀點愈讓人記憶深刻，這本書聽起來就愈真實，因為你絕不會忽略敘述者拼湊出來的事實——即使那不是大家都認同的版本。或者，一本書愈真實，觀點就愈好？

出色的回憶錄聽起來就像獨特的人，而且蘊含了豐富的情感。油嘴滑舌、愛開玩笑的人變得跟成天抱怨的人一樣，乏味無聊，難以信任。一個觀點要能夠大膽無畏地詮釋事件，即使是我們在其他地方覺得難以置信的事件，才能塑造出這種吐露真相的才華。對我來說，希拉蕊・曼特爾（Hilary Mantel）的《棄鬼》（*Giving Up the Ghost*）跟她任何一本獲獎小說一樣都值得崇拜；而在《棄鬼》第一頁，我們就讀到她與靈界相遇的描述。在樓梯上，她穿過一團鬼魂化成的微弱青光：「我知道（know）走下來的是我繼父的鬼魂。或者換一種大多數人都能接受的說法，我『相信』（know）那是我繼父的鬼魂。」首先，她把這段神祕的靈異體驗當成單純的事實來描述，但是，因為她知道在我們這種猜疑的文化下，許多讀者肯定會認為她瘋了，所以，她隨後用一個句子把話題轉移到那些受理性支配的讀者較能理解接受的地方。她改變措辭，把「相信」（know）加上引號。於是，她開始把這段靈異體驗描寫成她內在的感受，然後簡要地跳到習慣猜疑的讀者對她將信將疑的地方。那一瞬間，我們頓時相信了這種最明智的觀點，儘管我們的相信中包含了不理性與對這段內容的懷疑。透過這種做法，她成功吸引我們進入她習以為常的超自然體驗。

她一直飽受眼型偏頭痛之苦，在稍後幾段，她討論了折磨自己多年的疾病，為她的靈異體驗增加神經系統的可能性。最重要的是，她對超自然體驗抱持強烈的好奇心，再加上她樂於探索任何可能的解釋，我們因此信服她。

所以，當她在之後提到童年時她在花園裡和終極惡靈發生爭執——其實根本只能以惡魔來稱呼它，但她不能寫得太過火——她再也不必為了顧及我們的疑慮而否認這是真實發生的事件。在這之前，觀點已經為我們清除疑慮，留出信任的空間。曼特爾只需要緊扣實際情況與她童年時的反應就好：

> 隱約的動靜傳來，四周的空氣微微騷動。我感覺得到一股螺旋形的氣流緩緩旋轉，像蒼蠅一樣發出嗡嗡聲，但它不是蒼蠅。什麼都看不到。什麼都聞不到。什麼都聽不到。但，這種動靜，這種無禮的移動，讓我感到一陣噁心。我能感覺到——在我所有感官的極限與邊緣——這個生物的大小。大概兩歲孩子那麼高，厚度將近六十九公分。它周遭的空氣騷動不已，儘管肉眼看不見。我渾身發冷，噁心不已。我無法動彈，直打哆嗦……這正是遺憾的開端。

不論你是否懷疑曼特爾這段描述的「真實性」，你都絕對會相信，她筆下的內容對她來說是難以言喻的真實。（她的小說《超越黑暗》〔*Beyond Black*〕也出現同樣類型的文體，就我所知，在最令人感到強烈不安的書籍當中，她的書和《豪門幽魂》〔*Turn of the Screw*〕或史蒂芬·金〔Stephen King〕最出色的作品不相上下。）

若有任何道德敗壞的行為，作者也必須透過觀點，向讀者坦白相告，正如托比亞斯·沃爾夫的《這男孩的一生》：

> 我是個騙子。即使住在人人認識我的地方，我還是忍不住向人介紹全新版本的我，每當我的興趣改變，其他版本的我失去說服力，我就會這麼做。同時，我還是個小偷。

這番自白迷人之處在於作者有所自覺：他正努力塑造一個自己，而當大眾輿論干涉這個過程，沃爾夫就開始憑空捏造，愚弄他的讀者，進而把眼中所見視為重塑自我。這正是自我覺察帶來的禮物：誰不想成為另一個截然不同的人，不曾試圖糊弄大眾買賬？作家並未在字裡行間毀了讀者的信任，事實上，這番自白反而加強了信任。我們可以接受回憶錄作家提供的任何內容，但欺騙除外，欺騙往往代表一個淺薄的人欠缺自知之明。

即使是我不太關心的人，只要他說出自己的困難與對自我的認知，我就會不由自主地受到吸引。我們都曾在飛機上困在一個很愛聊天的人旁邊，對方非常友善，卻乏味到極點，我們往往假裝睡著來逃避這種喋喋不休。但因為旅途中大家互不相識，這樣的匿名性質反而會讓他們說出一些感覺相當深刻的體驗。這時，我會不由自主地被這樣的袒露心扉所迷住，即使我原本連跟對方一起搭五分鐘的電梯都不想。那個人的低聲細語、生動的內在表達，（在真心訴說與坦白直言之下）蘊含著激烈的痛苦與喜樂……這種自白永遠都能夠俘獲我的心。

談論情緒激昂的事件是有風險的。情緒會創造戲劇性，而那與人體這個小小空間具有的神祕感受與危險產生衝突。

別誤會我的意思——作家的觀點不一定要熱情洋溢或彷彿歌劇般大鳴大放。比方說，沒有人比康洛伊或納博科夫還沉默寡言。但是，大家絕不會懷疑他們情感的深度，不論他們的語氣多冷靜。

我常常因為膚淺的鄰座乘客試圖偽裝自己而感到無聊，也常看著陌生人的臉龐散發出生命的熱情而目瞪口呆。就連最守口如瓶或倔強的人，平常總是拚命壓抑自己的感受，但如果她正在訴說那些似乎塑造她本質的重要故事，也會忍不住在這麼狹小鄰近的空間裡全盤托出。即使是最不擅長表達的人，只要傾心吐露，在這種短暫交集的時刻，都如同美妙的交響樂般讓我感動不已。交響樂的創造是為了滿足我們彼此之間共享連結的需求。回憶錄也是如此。

所有戲劇都仰賴我們互相連結的需求。生活注定戲劇化；就連我們之中享有最大特權的人，也會受盡各種折磨。我們至愛的人突然暴斃或病痛多年才死去。我們生來醜陋貧窮，或富裕美貌卻無人關心。即使是在最完美的家庭中，互相關愛的家人也會有意或無意地撕毀彼此的希望。他們要麼錯過關鍵的時刻，要麼無法在渴望溫柔的時候現身撫慰悲傷和羞愧。

我的工作使得陌生人往往跳過寒暄，直接傾訴他們生命中最混亂的片段。奇怪的是，這種故事每一次都會打動我。而我其實並不是一個富有同情心或在情感上慷慨大方的人。

儘管如此，一個活生生、有呼吸的人，即使是個笨蛋或拙於表達的人，都可以親口吐露許多心事。事實是，這種心臟會跳動、神經元會閃爍的生物——莎士比亞筆下「窮酸赤裸的兩腳動物」——讓我們所有人不得不動容；我們天生就會在他人身上看到自己，感同身受。實際上，傾聽彼此的故事能提升讓我們產生良好感覺的催產素——催產素正是產婦在餵孩子母乳時體內分泌的賀爾蒙，是幫助母親和幼兒建立連結的幫手之一。催產素以某種原始的方式幫助我們互相連結。

我們很難將生命體驗轉化成一頁文字。**一個說得不好的故事，反而讓文字把生命變狹隘了**。不僅漏掉關鍵的細節，而且，很可能早就有其他人說過同樣的句子了。我們需要特殊的表達方式，才能揭開隱藏在作家內心的一切，進而活靈活現地重溫那些往事——這個方式就是「觀點」。

不幸的是，沒有人告訴作家拼湊出一個觀點有多困難。當你在寫作教科書中往下尋找

「觀點」這個詞，課文會探討一些看起來很機械化的技巧，例如語氣、措辭、句子結構。「笨！」作家邊說邊敲一下前額。措辭不過只是詞彙的選擇而已，你偏好哪一種單字。至於句子結構，則是句子長或短、句子如何形成、有沒有從屬子句等等。有些句子不著邊際地發展著，有些句子則像機關槍一樣連續掃射。語氣是句子的情感基調，傳達出敘事者對這個主題的感受。羅伯特・佛洛斯特（Robert Frost）曾說，每當他聽到牆的那一頭傳來聲音，即使聽不清楚確切詞彙，他還是可以從語氣中得知誰在發火、誰一頭霧水、誰快要哭了。對我來說，**心靈就等同於觀點，所以，你的內心——包括你如何思考、觀看、懷疑、痛苦——也會決定這類因素進行的節奏，以及你何時要撰寫什麼內容**。既然對回憶錄作家來說，所有這類文學決定源自性格，我發現一旦找到正確的觀點，閱讀時面臨的困惑立刻就會獲得解答。

在法蘭克・康洛伊的《斷線》（*1967*）中，他並未試圖把平凡無奇的經歷昇華成充滿戲劇性的奇觀。他反而把短暫的片刻轉化成詩意盎然的描述，教你難以忘懷。這段文字中，他是一個絕頂聰明卻裝作屌兒啷噹的高中生，準備離家上學。

> 閉上雙眼，往回走，我拿起一盒牛奶，直接大口豪飲，冰箱裡的冷空氣外溢，流洩過我光著的雙腳。我留下大約一吋的牛奶，準備（給我繼父）泡咖啡，然後把牛奶盒放回原處，關上厚重的冰箱門。早餐結束。

這個場景刻畫出青少年站在冰箱門前表現出野獸般的飢餓，任何青少年肚子餓都是這個模樣。儘管如此，這段文字感覺上卻如此具體，比方說，他猛喝牛奶好一陣子才停、冷空氣流洩過他的光著的雙腳，就連他必須留一吋的牛奶給繼父，都明確寫出來。他這麼做是出於體貼，還是悶悶不樂地做，或根本不假思索？你必須閱讀這本書才能知道答案，因為即使是最平凡的日常瑣事，康洛伊都設法寫得極為出色。以描寫憤世嫉俗的青少年匆忙的早晨時光來說，沒有人寫得比他更好了。而且，段落的節奏從一個長句子開始，緊接著是一個短句子，最後以三個馬虎帶過的字做為結尾：「早餐結束。」（End of breakfast.）這段文字是在描述一個無法無天的少年在翻找食物，以及那扇厚重的冰箱門和他陽剛味十足的語氣，與康洛伊在之後內容呈現出的那種「沒人照顧我也沒關係」的耍酷形象一致。康洛伊的觀點具有如此強大的力量，當這股力量發揮到極致時，就連丟個溜溜球，都能營造出性別特色：

那個動作看起來不免有點像手淫。我懷疑美國有一半的青春期男孩本來可能被其他任何方式吸引……僅僅是簡單的翻跟斗，都很可能以某種神祕的方式代表手淫的動作，但是將整套動作分解成三階段：拋出、特技與收回，分別象徵勃起、達到高潮與陰莖消腫，就有點過分了。

康洛伊讓自己心神恍惚地練習溜溜球，藉此忘卻家人對他疏於照料的事實。就像老爵士樂手盡情享受音樂一樣，尋找那個「酷炫」的點意味著尋找秩序、寧靜、一個可以讓時間停駐的地方。在這麼酷的瞬間，痛苦的男孩康洛伊立即消失無蹤。他之後將發現性、音樂、烈酒與開車等其他迅速逃避的方式，讓他躲進渾然忘我的寧靜世界。

我已經教授康洛伊的《斷線》三十幾年了，學生都很相信他這套觀點。他們相信他，相信他不會撒謊或誤導，也沒有虛構的事件或迎合討好，更不會為了隱瞞更大的罪行，或因為厭煩、乞憐，而坦承犯了較小的罪。因此，在文學上，這本書聽起來很真實。

我再說一次：**觀點源自作者的天賦本性，而這又則源於作者的內在本質**。正如回憶錄作家的本性賦予她神奇的力量，讓她得以展現在書頁上，我們最終也目睹她現在或過去是多麼自私、惡劣或紛爭不斷。我們不會公正客觀地看待這些事件；我們只會透過自己來理解一切。而我們透過自己此刻的本質與過去的本質過濾當下的一切，選擇性地記在腦海中。

因此，最好的觀點包含作者的內在。當你目睹她絞盡腦汁到處摸索，試圖編造或理解各種事件，你絕不會錯過她自我塑造而成的模樣、她的盲點、討厭什麼、想要什麼。值得我重讀的書，不會試圖像電影般錄下一切──電影這種視覺媒介受限於表面動作（這年頭，熱門的電影畫面愈華麗顯眼愈好）；也不會像歷史書一樣，權衡各種資料來源，精心研擬出平衡的觀點。為了說實話，回憶錄作家不得不呈現出她在一路上每一回的跌跌撞撞，她如何透過感知過濾篩選那些際遇，而她的感知又如何導致她對世事的曲解。換句話說，她對自己感知能力的質疑，成了寫作過程的一部分，探問得更深入，也因此聽起來似乎更加真實合理。

正如回憶會曲解事實，我們那彷彿透過電子合成器混和而成的自我也會扭曲真相，即使是我們最簡單的感覺也不例外，而「觀點」應該反映出那種扭曲失真的狀態。康洛伊並沒有因為他那次並非毫無意義的狂飲牛奶而顯得敏感脆弱；萊特也不會因為合理的暴怒而被說是玻璃心。性格透過每一道聲音發聲，成為現實。兩者聽起來都歷經艱辛，憤世嫉俗，即使他們還是孩子。一個人對世界和自己在世上所處的位置抱有什麼樣的觀念，世界在他眼中就會以此面目出現，因此我們便可以推測，他們在現實生活中就像書裡面寫的那般高度謹慎小心。他們心裡早就認定事物如何運作，於是對於發生在自己身上的際遇加以詮釋解讀，以符合心中的設想——就他們的例子來說，或許他們是透過一片薄薄的有色眼鏡來看所有事件，而這副有色眼鏡正是由精明謹慎的懷疑態度組合而成。

但大家都知道，主觀自我的意識，往往難逃虛假的歪曲，也許是出於自我保護的欲望，進行溫和改裝；或在極度偏執的狀態下，粗暴竄改。既然如此，我怎麼還敢在回憶錄這個領域大談真相？佛教僧人可能會把自我理解世界的方式稱為「摩耶」（maya）或「幻象」；心理學家或許會指出你如何把過去的創傷投射到當下，而現在發生的事件其實對你並無害。那麼，真實怎麼可能存在？

不是說回憶錄一點都不隱晦可疑，而是擁有自我覺察力的回憶錄作家能不斷戳刺他的疑問，就像舌頭不斷舔舐一顆蛀牙一樣。若想要塑造一個更深入、更真實的觀點，訣竅在於你意識到自己在探查時可能出錯的方式，這樣才能從多重的角度出發看待事物。建立觀點並不是為了客觀權威地發聲，而是為了主觀的好奇心。

就我來說，在我寫的每一本書中，都有一種對於陰鬱的偏好。蒼涼的幽默感和犯錯只有一線之隔，卻支撐了我活到現在，因此也表現在我的作品中。當我的姊姊問我，為什麼我小時候遭到性侵，而她卻沒有，我挖苦她：「可能是因為妳不夠可愛吧。」透過這句話，我試圖把生命中最黑暗的事件之一轉化成對別人的反譏。現在我們來談一談殘酷吧。如果我像活力充沛的啦啦隊一樣輕鬆愉快地述說自己的故事，那肯定是謊言。我必須把那種可怕殘酷納入故事中。

不論自我是否可能創造現實，每個人各自的「真相」如何演變，令人信服的觀點都必須提及這一點。我們大多數人的視野都不太寬闊，因為我們只從自己的視角看世界。

每位令我崇敬的回憶錄作家所提出的觀點，似乎天生就缺少「戴上天使翅膀的能力」——不會逃避罪責或為過去的罪行辯解。這些記錄生命的人擁有的忍受力就像真正的藝術家一樣，他們給人一種印象，彷彿他們在自己豐富的內在世界中接受過特殊訓練。對自我覺察的追求，促使這樣一個作家超越她平常的虛榮心——通常這種虛榮心會表現在盛裝打扮上。從某種角度來說，她簡直就是大膽全裸地出現在派對上。

回憶錄作家的本性——亦即塑造回憶錄過濾標準的自我——將會被證實是她才華的源頭。我在這裡所說的「才華」，不僅是指表面上的文學天賦，儘管那也涵蓋其中，我指的是生活經驗、個人價值、方法、思考模式、感知與內在。

以下摘句出自艾莉芙・巴圖曼（Elif Batuman）的《誰殺了托爾斯泰：我被俄國文學附魔的日子》，生動表現出她在超現實隱喻上的才華，以及她對俄國文學的熱愛。這段文筆極好的內容出自她描寫的一章鬧劇，鉅細靡遺地呈現一場以她的英雄伊薩克・巴別爾（Isaac Babel）為主題的學術會議。

> 當俄羅斯科學院（Russian Academy of Sciences）打算蒐集整理出一位作家的《合集》

（Collected Works），他們的目標可不是那種讓你放在手提箱帶著跑的資料。托爾斯泰的「千禧年」版本總共一百冊，跟新生的白鯨一樣重（我把家裡的浴室體重計帶到圖書館測量，一次量十冊）。

這段詳細描述她把體重計搬到圖書館的內容，刻畫出她可愛的強迫症怪咖形象，而我們希望她對俄羅斯文學的熱情可以感染我們。（提示：她的熱情確實感染了我們。）

就像巴圖曼的作品，巴別爾的作品也以令人稱奇的並置（juxtapositions）與讓人難忘的明喻著稱。其著作《紅色騎兵》（*Red Cavalry*）中，有一篇故事開場白就這麼寫：「橘黃的太陽像顆斷頭一樣滾過天空。」

如果你跟我一樣在文學流行雜誌《*n+1*》中讀過這篇文章的第一個版本，肯定看得出來巴圖曼如何磨練其隱喻的天賦。第一版中托爾斯泰的《合集》只是跟「一隻大灰狼」一樣重。我們大多數人都會保留這個灰狼的比喻，因為它不僅讓人訝異，還很好笑，又呼應俄羅斯的風景。但她重寫了一遍，而白鯨這種動物是更好的選擇，像鹹魚子醬般呼應著失落的沙皇帝國。再加上鯨魚就像托爾斯泰一樣，是龐然大物，而且比狼更罕見，更值得珍惜。甚至很難相信他和我們其他人一樣，也是哺乳動物。

當你動筆打草稿的時候，要盡可能清楚明確地編排故事，然後在開始填入那些專屬於你自己的語言。如果你對真相足夠信任，可以在紙上毫無保留地呈現自己——不論那些真相剛揭開時看起來有多可恥——這本書將順其自然地建構自己，最大限度地發揮你的優勢。因為你的優勢就奠基於你熱情的核心。

雪兒．史翠德的回憶錄《那時候，我只剩下勇敢》依然位居暢銷排行榜，這歸功於她天生對詩歌的熱衷，而這股熱情為她的語句帶來詩意的特徵。她在太平洋步道獨自健行期間撰寫日記的紀律，加上她的熱情，為她定下了那本書的架構。史翠德將真相形容成一種追求：「我告訴學生，他們想要找到真實、更真實、最真實的故事。」她的初稿停留在膚淺的表面，但她在修訂版中發現更深刻的內心真相。**你如何處理真相，取決於你的熱情——可以是俄國文學與超現實的隱喻，也可以是日記、詩與健行。**

透過閱讀傑佛瑞和托比亞斯．沃爾夫兩兄弟的作品，你可以看到他們對於相同的素材，採取兩種不同的處理方式。傑佛瑞具有開拓性的作品《欺詐公爵》部分源自他身為傳記作家的卓越技能：他運用歷史學家調查研究的方式，揭開了他那騙子父親的謊言。此外，傑佛瑞還曾為失落的一代（Lost Generation）中自殺的詩人哈里．克羅斯比（Harry Crosby）作傳，在這本引人入勝的自傳《黑太陽》（*Black Sun*）中，傑佛瑞充分掌握了研究和採訪的天賦，完美記錄了這位詩人的一生。傑佛瑞在回憶錄運用照片與文獻，顯示這是一本經過調查的作品。但，非小說對於真相的定義不斷演變。到了一九八九年，他的兄弟托比亞斯推出《這男孩的一生》，書中完全沒有使用照片與訪談內容。托比亞斯的作品本身就是一種回憶的舉動。兩個人，兩種才華，兩種方法。

●

發展自己的觀點，其實是學習如何把你自己的記憶存放在別人的腦海中。口述者以某種方式頂替讀者而存在。

若你想要發展自己的觀點，我所知的唯一方法是，照你的方式寫一本回憶錄。當一名回憶錄作家在紙上斟酌字句時，她將一邊說故事，一邊發掘自己擅長之事，並將在書中展露無遺。

你無須用炫目的措詞和語法，只要保持真實，就可以贏得讀者的心。法蘭克・麥考特在《安琪拉的灰燼》中運用無產階級直率簡短的措詞來變戲法。

我爸和我媽本該留在紐約的，他們在那裡相遇、結婚，而我也是在那裡出生的。可是他們卻回到愛爾蘭。當時我四歲，我的弟弟馬拉基（Malachy）三歲、雙胞胎奧利佛（Oliver）和尤金（Eugene）快滿一歲，而我妹妹瑪嘉烈（Margaret）已經過世。

當我回首童年，我常納悶自己是怎麼活下來的。當然，這是一段悲慘的童年：快樂的童年很難讓你有所斬獲。比一般悲慘童年更糟的是淒慘的愛爾蘭童年，而最糟的是淒慘的愛爾蘭天主教孩子的童年。

到處都有人吹噓哭訴自己早年的苦難，但什麼都比不上愛爾蘭版本：酗酒的父親喋喋不休，胸無大志；虔誠卻失敗的母親在爐火旁抱怨；傲慢自負的牧師；老是仗勢欺人的校長；英國人，以及他們在八百年漫長歲月中對我們做的所有討厭事情。

最重要的是，我們都溼答答的。

除了一些諸如「loquacious」（喋喋不休）等拉丁語詞彙之外，麥考特的用詞都是我們在五年級前會學到的詞彙。和我們建立連結的，是他寫下的內容、時間與他率真的用語。像納博科夫這樣博學的人（下一章將對他有更多著墨），用語言學讓我們驚嘆不已；麥考特的方式則讓我們對他產生更多認同感。

第一段先點出家庭面臨困境——我的父親和母親本應該繼續留在紐約——然後用最簡單的方式一一列出手足，並以一個死嬰做出可怕的結尾。然而，麥考特清楚知道讀者擔心會再次讀到關於「可怕愛爾蘭童年」的陳腔濫調，他便立刻處理這份擔憂，直接了當地處理那些會讓讀者譏諷他企圖心的內容，嘲弄地述說：虔誠卻失敗的母親在爐火旁抱怨、傲慢自負的牧師、老是仗勢欺人的校長……。最後，他輕描淡寫地對自己在島嶼上的故土感受到的身體上的寒冷開了一個簡單的玩笑：「最重要的是，我們都溼答答的。」麥考特提出了心理上的衝擊，同時以悲劇和幽默讓我們驚嘆——這些都是他承諾這本書將保有的特質。

他若嘗試使用納博科夫的措詞、句法與心理方法，肯定會一敗塗地。

第五章

別在家嘗試：誘惑與自戀之罪

……我的意思是，
為了創造美你願意付出什麼？
恐怕我會開始尖叫，惹人厭惡的
昆蟲從我的口中湧出。我怕
我會想到死亡。

——迪恩．楊（Dean Young），〈一個故事〉（One Story）

納博科夫像變魔術一般，在我的腦海創造如此迷人的氛圍，以至於閱讀他的文字時，幾乎可以重溫那個世界。我將書頁一角折起，抬起頭，便覺得周遭的顏色與輪廓更加鮮明了。我在骯髒街道瞥見的垃圾——一張票根或沾上口紅的菸屁股——在我抬頭的那一刻化為某種神奇的紀念品。整個世界變成一幅魔法拼貼畫，或者更像約瑟夫・康奈爾（Joseph Cornell）*以各種物品組合而成的神祕藝術箱子。而每當你重讀，這種轉換感知的神奇小工具都會發揮作用。正如詩人菲利普・拉金（Philip Larkin）曾將詩比喻成吃角子老虎機，你投入一分一毫的注意力，拉下桿子，然後感覺就來了。我試圖複製納博科夫那神祕的舞步，就像我的學生一樣，結果我看起來一副傻瓜樣——就像一個渾身毛茸茸的胖子穿上粉紅緊身衣，試圖扮成漂亮的芭蕾舞者。

納博科夫的《說吧，記憶》，我至少在課堂上講解了十幾遍，但它在我眼中仍然是個謎。如果你打算替納博科夫的天賦分類編目，可能需要一整間圖書館才容納得下。而且，在討論回憶錄時若沒提到他《說吧，記憶》，就跟少了煙火的國慶日沒兩樣。

從一個天賦更平凡的作家眼中來看，《說吧，記憶》遺漏許多一般讀者容易感同身受的東西。我們在書頁間漫步時充滿驚奇，卻在結尾的時候如同被流放般悵然所失。

最近，我因為沮喪，遂開始梳理這本書缺少什麼。讓我驚訝的是，它所缺少的竟是與作者間的深度連結，而這正是其他大多數優秀回憶錄吸引我的關鍵。《說吧，記憶》缺少漫長的、個人化的戲劇性故事，沒有對話，只有零星的瞬間或軼事，只有非常少的場景。你了解作者的思考模式，卻不覺得你們彼此間有任何相似之處。流動的文字令人陶醉，難以抗拒，但你無法在其中找到自己的過往經歷。他極度的精細，將自己從我們大多數人的單調生活中解放出來。小說家珍妮·奧菲爾（Jenny Offill）說他是「藝術怪物」（an art monster）：「納博科夫甚至不會收自己的雨傘。他的妻子還替他舔郵票。」

你在《說吧，記憶》看到的生物非常罕見，足以進動物園展示。他比我們絕大多數人都更聰明，但不知怎的，卻比我們更軟弱，儘管外表上看不出來。你討厭他這一點，就跟厭惡一隻瞪羚的優雅姿態沒兩樣。他將自己描繪成可以聽見色彩或看見音樂的聯覺人（synesthete），具有教養，卻不流於拘謹；即使精通數國語言，將自己的作品來回翻譯成

＊編注：美國超現實主義攝影師與雕塑家。

多種語言，但他筆下的自己一點都不虛榮。他只是你心中標準的來自鍍金時代的貴族藝術大師。

這正是他的天賦帶來的奇蹟。在他塑造這本書的過程中，凸顯了自己觀看世界的非凡方式；你滿腦子充斥著他對世界的觀點，深深被他散發奇異光彩的腦袋所蠱惑。但這並不會影響你在其他類型的作家身上，也找到自己愛慕的地方。

事實上，若你將自己從納博科夫筆下魔幻氣氛抽離出來，檢視他提及有關自己人際關係的訊息，你會發現他在正常人的標準裡，算不上體面。如果我們不是這麼愛他，很可能會對他退避三舍。一旦少了他吸引我們陷入的迷人氛圍，他的貴族社交習慣與情緒化，讓他變成一個紈褲子弟，這還是最好的情況，最糟的情況則是變成充滿惡意的厭世份子。

這本書是對美、時間與失去的迷人冥想，以充滿童話色彩的內容展現出來。此外，他透過這本書表達對已逝父母的呼喊與渴望，以及妻兒帶給他的喜悅。身為生活在二十世紀初俄國的富豪，納博科夫坦然展示俄羅斯帝國奢華的魅力，透過書頁引領我們參觀那些迷人的房間。他為我們展示哲學與超凡的片刻。他拉著我們一起跨越整個世紀，我們跟在他身後，對他享有的特權沒有絲毫嫉妒，專心享受這場華麗的冒險。

他的生命中毫不平庸。他從未感到無聊，也不生氣。他的父母都是雍容可愛之人，不做任何卑瑣或庸俗之事，夫妻倆「像太陽一樣光芒四射」。他的母親穿著一身點綴著玫瑰色的白衣，溫和地對他說：用你全部的靈魂去愛，其餘的就交給命運安排。他的父親身著華麗的騎兵制服，「閃亮光滑的鐵甲在他的前胸後背熠熠發光」，簡直就像神話中綻放光芒的國王。納博科夫讓我們愛上他那充滿貴族氣派的內心世界。

在納博科夫所有的天賦中，最先吸引我的是他對感官體驗的掌握——再一次說明，我指的是身體，不是性行為。他可以讓聚光燈照射在身體上——亦即透過自己的感知篩選出精華——然後將之轉化成遺留的風範，那是一種詩意的聯想，就像火花般閃閃發光。**他整個童年似乎都如饑似渴地拚命從回憶中攝取美好的事物，因此，他才能在那個失落的帝國化為記憶中的灰燼之前，將它變成藝術。**他以隱喻的方式呈現這些宗旨，將它們和這本書的主旨融為一體：該書主旨是呈現對失去的愛，因此，他必須變得足夠複雜，才能隨意來回穿梭時空，尋找那些害他抹去記憶的潛在模式。他付諸的一切努力是一場以生死為賭注的救援行動，而「情節」圍繞著他發展（只要有一個情節存在的話），讓他夠善感，足以保存他口中的誕生地「感性的伊甸園」。

若換成另一位作家來寫，將綿長的篇幅集中於單一物品，讀起來可能會失焦，或過度浮誇。但對納博科夫來說，每個物品都蘊含著豐富的意義，包括意識形態、道德、靈性，全都可以編織成全書的核心主旨。

所以，那些他一直掛在嘴邊的物品，不僅僅是古董店裡華而不實的貨品，他還注入了情感和象徵性的份量，以及哲學上的共鳴。他從一開始就在訓練你，像占星師解讀星相般讀進內容。

他幼時曾用睡衣在自己的嬰兒床上搭了頂帳篷，稱之為「雪白的亞麻遮陽棚」，然後在床上玩著他母親的珠寶，包括戒指、頭飾等等：

（一顆）美麗而討喜的黑色石榴石水晶蛋，忘了是在哪一年復活節留下的；我常咬著床單一角，直到口水徹底浸溼床單，然後將水晶蛋緊緊包在裡面，欣賞從床單中隱隱透出的溫暖寶石光芒，顏色與光彩奇蹟似地顯露無遺。

若換成一位較無才情的作家，可能會覺得用「奇蹟似地顯露無遺」之類的詞彙形容一個珠寶般的物品，聽起來太過詞藻華麗。但在納博科夫的例子中，他對水晶蛋如饑似渴，這種戲劇性行為展現了他的身體對燦爛之美懷抱熱情，同時賦予物品一種心理力量。他還說這種吸吮水晶蛋的舉止「還不是最接近我以美為食的境界」。

因此，那顆蛋成為冷硬的食物，滋養著詩意的心靈，也是納博科夫敬拜的聖壇。那顆假蛋充滿母性的原始力量，它綻放的寶石光芒蘊含誕生的承諾——而他這個未來的藝術家正在孕育這顆蛋。這是納博科夫寶寶，天生的審美家，在他神祕而耀眼的神祇——永恆之美——前覺醒。這顆石榴石水晶蛋明明冰冷而堅不可摧，但不知為何卻成了他的母乳。

這種描述出現的夠早，足以幫助讀者在腦海中建立對物品的詩意共鳴，明白這些物品是書中內在掙扎的一部分。對美的貪噬不僅是核心主旨，更是一種生存方式。

所以，他才能用整整一個篇章細述捕捉蝴蝶的過程，而對他父親在流亡過程中遭到槍擊一事僅草草帶過。但在作家心中，這兩件事並無失衡。事實上，是他父親教會他如何帶著捕蝶網穿越田野，偷偷靠近獵物。因此，在某種意義上，那折疊如紙片的昆蟲，是父親遺留給他的東西；短暫盛開飛舞的花朵，成為神聖父性的象徵，因腰間的短劍和匣中備來決鬥的手槍而為人所知。

俄國革命全面毀了他家庭，但整個革命在納博科夫書中僅是他優雅演出時的背景音樂。為了將他所失去的摯愛家人從時間的蹂躪中拯救出來，他需要銳利的眼光和更敏銳的品味，以及最敏捷的哲學頭腦。然而，他無法控制外在的時間，讓他們起死回生，這種無能為力成為他內在的敵人。在一本出色的回憶錄中，作家的某些自我掙扎往往成為組織全書的原則，因掙扎而引發的爭鬥貫穿全書的脈絡。因此，身為美與哲學的愛好者，納博科夫可以讓他的父母在書中活過來。這樣一來，發展他的審美感知能力成為生死攸關的事，而非一種如孔雀般花枝招展的虛榮心。

他有種獨特的表達方式，將哲學概念轉化成肉體的隱喻。他會以某種方式將概念變成令人難忘的影像。如果是我，可能只會說：「和一段回憶相比，整個宇宙都微不足道。」一夠單調乏味吧，但納博科夫不會這麼說，他將情感注入概念中，透過語法讓讀者對概念印象深刻，運用一幅畫面變出屬於他的奇觀，而我們將在其中發現美妙的自己。

> 宇宙多麼渺小（一隻袋鼠的育兒袋就裝得下），和人類的意識、一段個人回憶及文字的表達相比，又是多麼微不足道！

和每一位大師級作家一樣，他也找到做最擅長之事的「訣竅」：建構自己的論調，好讓他的天賦脫穎而出。

許多學生都愛模仿納博科夫，這種行為讓他們獲益良多——主要是讓他們明白，為何不該模仿某個大腦線路與自己迥異的人。自封為納博科夫的人聽起來不僅像人渣，而且像自命不凡的人渣。作家最好的論調來自於接納本身的「特質」——我稱之為「天賦」，才能將自己的觀點做出恰如其分的表達。

這讓我回到最簡單的**觀點建構基礎：措辭。納博科夫常運用華麗的詞藻，對我們大多數人來說並不適用**。對絕大多數的作家而言，最好還是運用簡單一點的詞彙——愈短愈好，就像你日常常用的那些單音節詞彙。除非你像我的朋友詩人布魯克．霍克斯頓（Brooks Haxton，他翻譯希臘語、拉丁語、法語、希伯來語和德語），否則使用高級詞彙只會讓你看起來像個笨蛋。所以你最好寫「性交」（fuck），而非「交媾」（copulate），前者源自日耳曼語系，後者來自拉丁語系。其中沒有什麼規則，但人們往往認為日耳曼詞彙是「低等」語言，屬於街頭語言、童年或貧民的語言。拉丁語系的詞彙則往往被視為「高等」語言，屬於科學用語和外交辭令。在法國，有間學會專門篩選出一些太過「低劣」（shitty，日耳曼語）或「腐敗墮落」（scrofulous，拉丁語）的詞彙，加入他們的精選辭典。

納博科夫的句子動輒達到數行甚至數頁之長，而他那些華麗的辭藻，萌生自他接受的多元語言教育和高貴生長背景。

他一開始就在書中提到希望自己能不受時間限制，因為時間終將消除他試圖保留的過去——我想他大概難以接受自己的意志無法改變事實這件事。所以，「擺脫時序的控制」，和他對美的渴求，都成為這本書的驅動力。他以這個主題做為開場白：

> 搖籃在深淵之上搖啊搖，常識告訴我們，我們的存在不過是一道稍縱即逝的光，從無盡黑暗之間的裂縫中透出來……，我反抗這種狀態。我感到一股衝動，想要起而反抗，圍堵自然。

他在整本書中都在談「時間之牆如何將我和我淤青的拳頭從永恆的自由世界中分離出來」。後來，他寫道：「起初，我並沒有意識到，時間乍看之下無邊無際，其實是所監獄。」而為我們終止時間的，當然是死亡。納博科夫喜歡「並置」（twinning），在不同的地方尋找契合的模式，並將這些模式排在一起，就像蝴蝶的翅膀一樣。從第一章結尾出現的搖籃展開整本書的內容，而這搖籃後來變成棺材，可能還是他父親安眠之處。

他從童年時在餐桌上的一段記憶開始講起，用一個毫無斷句的冗長句子描述那副棺材，以此結束這一章。當時他看著地位顯赫的父親表演他所謂的「漂浮奇觀」——每當身為地主的父親施予恩惠，那些農民就會一邊「大聲呼喝」，一邊將他拋向空中三次，以這種方式向父親表達感激。他高高飛起來，暫停片刻，猶如魔法般懸掛在窗戶上。接下來的比喻帶領我們踏上一段漫長的旅程：

然後，他在那裡，在他最後一次往上飛升，也是最高的一次，彷彿永遠躺在夏日正午的鈷藍天空中，就像那些在教堂穹頂翱翔的天使，他們的衣服有無數皺褶，舒適地往上飛升。在教堂拱形天花板的下方，神父反覆吟誦安息的祈禱文，蠟燭在終將一死的凡人手中一一點亮，在香煙繚繞中燃起一團微小的火焰，火光游移不定，靈柩敞開，葬禮的百合花遮住了遺容。

艾茲拉·龐德（Ezra Pound）曾說，詩的韻律是「在時間中切割出形狀」。納博科夫在這一章中運用的語法——開頭的搖籃、結尾的棺材——就像兼具重複與變化的音樂，讓讀者感到滿意。

當然我還不至於天真到認為每位讀者都能夠意識到這兩種為人類準備的「容器」之間

的關聯——納博科夫用「船頭和船尾」（fore and aft）來形容「嬰兒與屍體」這兩種容器。我對詩歌的信仰如此深厚，使我堅信即使是最粗心大意的讀者，一旦他們在這一章結尾發現棺材，一定可以體會到某種潛在秩序帶來的甜美感受。我對詩歌如此迷戀，相信它就像巫毒法術一樣，在讀者警戒的狀態下依然能發揮作用。納博科夫將一個場景與另一個場景銜接在一起時，你會像巴夫洛夫（Pavlov）的狗一樣，對這個時刻垂涎欲滴。

這些「合拍」或「並置」瞬間，成為你閱讀時搜尋的目標與動力。打從一開始，每次的時光旅行，都暗示著對重返過去的渴望與掙扎。因此，當他從一個時代起飛，開始偏離航線的時候（在別的作家書中就會如此），我們還是很樂意和納博科夫一起飛進另一個時代——這變成一種前進的動線，而非偏離航道的迂迴路線。

> 我承認我不信任時間。我喜歡用完我的神奇毯子之後把它折起來，讓一部分圖案疊在另一部分圖案上。讓來訪者迷路吧。關於永恆的最高的享受是……當我站在稀有的蝴蝶與牠們食用的植物之間。這是一種狂喜，其背後蘊藏著其他東西，這很難解釋。就像將我所愛的一切突然塞進一種瞬間的真空中。我感覺自己與太陽、石頭合而為一。

「與太陽和石頭合而為一」，聽起來宛如上帝。而從他的永恆狀態來看，他是讓逝者起死回生的神。

再舉一個「並置」的例子。納博科夫曾描述少年時期與俄國庫羅帕特金將軍（General Kuropatkin）相遇的故事，將軍在貴妃椅上排火柴，將十根火柴頭尾相連，排出一片風平浪靜的海洋；接著，又把這些火柴成雙成對排成鋸齒狀的折線，看起來就像波濤洶湧的浪尖，代表狂暴風雨中的海洋。十五年後，當納博科夫的父親逃離布爾什維克（Bolsheviks），避走南方時，遇到一位身穿羊皮襖的老人向他借火，他還以為對方是農民，結果竟是那位老將軍。納博科夫把這兩個相似的片刻緊密連結在一起，揭露了一個重大的真相——強大的勢力的垮臺，宛如火柴燃燒殆盡。

至於將軍本人，只是整個模式中的棋子，並非作者要我們關注的角色。「但願年邁的庫羅帕特金將軍喬裝農民，能躲過蘇聯政府的追捕，**但這不是重點**。」（強調部分為筆者所加。）

換句話說，作家對自己創造的詩意更感興趣，遠遠勝過這個人的生死。

使我滿意的是關於火柴這個主題的演變：庫羅帕特金將軍給我看的那些神奇火柴早就不知道丟到哪裡去了，他的軍隊也已經消失無蹤，一切都成為泡影，就像我的玩具火車……**我想，追尋這種貫穿一個人一生的主題，才是自傳的真正目的。**（強調部分為筆者所加。）

納博科夫一點都不在乎這位將軍，根本不把他當成一個人物，換做在其他作家的書中，這個角色可是會非常惹人厭的，尤其是那些重視溫暖或良心的作家，比方說瑪雅・安吉羅或法蘭克・麥考特。至於納博科夫所愛的人，除了被他讚揚時，其他時間面目都是模糊的。他詳細刻畫的人物往往是他鄙視嘲笑的人，這與我們對大多數作家的期望不同。我們大多希望他們聽起來很「公平」。托比亞斯・沃爾夫在《這男孩的一生》中用充滿挑釁的語氣敘述專橫的第一任繼父：「他曾說我不知道的事足夠寫成一本書。好吧，就是這一本了。」不是一回事，但若他像納博科夫描繪家中下人那樣，刻畫出荒謬的人物，我們或許會覺得他不是這麼好的敘事者了。納博科夫是這樣描繪家庭女教師的：

她的手令人討厭，因為她緊繃的皮膚佈滿褐色斑點，散發出像蛤蟆一樣的光澤，……我想起她的雙手。她削鉛筆時更像是在剝鉛筆，她將筆尖朝向裹著綠色羊毛衣的乳房，儘管大得驚人，卻不曾哺育過。還有她將小指插入一隻耳朵，然後迅速振動的樣子……她總是有點氣喘吁吁，嘴巴微微張開，發出一連串急促的喘息聲。

任何青少年電影中的角色只要展現出上述其中一種特質，都將注定在接下來的兩小時內充分感受到高中生活的殘酷。後來，他還特別點出這個角色是個沒有靈魂的殘酷生物，以防我們沒有從這段人物描寫中判斷出她很嚴厲。

但我們並未因此對他避之唯恐不及，因為他創造出一個語境，在這樣語境中，他的行為是正當合理的。對他來說，假裝同情她或擺出一副通情達理的模樣，顯得過於迎合。既然那是他特有的心理與性格、情感與角度，接下來的詩意主題正好符合他的目的。我們之中鮮少人具備這樣的哲學特質，如此緊密連結內心深刻的情感，也很少具備適合這種模式創造或主題探索時所需的敏感度。（或許《女勇士》中的湯婷婷還有這種能力）。

納博科夫並不冷酷，沒有幾本書比他這本更熱情洋溢了。在哀悼家人時，他能讓你潸然淚下：「我在安全無虞的童年最愛的那些人，如今已化為灰燼，或者被子彈射穿心臟。」在書中隨處可見他為摯愛家人爆發的強烈情感，但他往往以更奇特的抽象形式表現愛意，大多數作家往往做不到這一點。

> 每當我想起對一個人的愛，我往往會立刻以我的愛——亦即我的心，我最柔軟的核心——畫出一條線，連接到宇宙極其遙遠的一端。某樣東西驅使著我，將愛意跟難以想像且難以估量的東西相互比較，例如星群的運轉。

我們大多數人想到自己對別人的愛時，往往腦海中會出現真實的那個人。所以，一般作家若在自己的回憶錄中大量堆砌這種隱喻，聽起來就會像在賣弄文字，偏離重點。由於納博科夫的思緒自然而然就朝隱喻的方向發展，他已經教會我們把這些離題的內容當成情感事件來閱讀，對我們來說，這些情感事件和作家的生存息息相關。

他花在與詩相愛的時間，遠遠超過愛自己兄弟的時間。然而，我們幾乎沒注意到他完全忽視了一個兄弟，他鮮少提到謝爾蓋（Sergey）*。納博科夫從謝爾蓋的日記內容推測，謝爾蓋很可能是同性戀，並相當殘忍地將日記內容給當時的導師看。儘管這對兄弟的年紀只相差十個月，當時還是孩子的納博科夫承認自己既是「備受溺愛的孩子」，還是「以大欺小的惡霸」。我們接受這種情況，視為我們所處世界一部分：「在我豐富的回憶中，（謝爾蓋）只是背景裡的一道陰影。」兩兄弟在劍橋有過交集，當時謝爾蓋原本是網球運動員，卻因球技太差遭到解雇；而在巴黎，他有時「會順道拜訪，小聊一下」。納博科夫在戰爭期間失去謝爾蓋的音訊——我不禁想，這對作家來說，怎麼可能不是件大事？後來，他得知謝爾蓋死於集中營。對於弟弟存在感這麼低一事，納博科夫給了個模糊的解釋：「出於某種原因，我發現談論我的弟弟異常艱難。」然後，讀者就像納博科夫一樣，似乎未經思考就跳過這個人的屍體，往下一個迷人的場景前進。

當納博科夫使用其他作家常用的手法時，他照樣能賺取我們的熱淚，就像打開水龍頭一樣簡單，完全在他的掌握之中。害怕死亡帶來的感傷的學生們有必要好好研究納博科夫這個人，他證明了感傷只是你尚未對讀者展現的情緒——而且是沒有鮮活證據的情緒。對納博科夫來說，記憶本身自成一國，而他的溫柔抒發，加上渴望，或許因此讓我們更加投入，儘管他的敘述如此冷酷無情。

> 我又一次見到我在維拉（Vyra）的教室，牆上貼了藍玫瑰壁紙，窗戶敞開。它的倒影填滿皮革沙發上方的鏡子裡，我叔叔就坐在沙發上，自得其樂地翻看著一本破爛不堪的書籍。安全、幸福與夏日的溫暖填滿我的記憶。那個強大的現實構成當下的幽靈。鏡子洋溢著光明：一隻大黃蜂飛進房間，撞著天花板。萬物各得其所，一切永不改變，也沒有人會死去。

上述這段內容顯示一個奇特的瞬間如何在記憶中持續存在，並在數十年後重現。作者在讀者心中創造一種瀕臨危險的安全感，然後，用最後那句「沒有人會死去」粉碎一切，把讀者輕輕推向孤寂的憂傷。

＊作者注：在《說吧，記憶》一書的索引中，他是以克里歐．納博科夫（Nabokov, Krill）之名出現：49, 256-257。

當然，在《說吧，記憶》中，像這樣以不尋常的筆法描寫的平凡瞬間有上千個，但大部分時候，納博科夫在建立整體架構時，完全發揮自己的特長——相似、隱喻、超越時間的詩意瞬間、充滿肉體感官的華麗詞藻。他擁有發揮自己天賦的天賦。他設下圈套，讓我們早早就認定他這些能力具備情感價值。一旦我們了解他的處理過程，便可以觀看他像兔子一樣活蹦亂跳，在漫長的描述中跳前跳後。他將充滿份量的情感以相當活躍的方式表達出來，若換成其他人，這種跳躍式思考看起來只會反覆無常或虛榮空泛。他的思考過程成為這本書的價值核心，如詩一般，將形式結合意義：這是一個文學奇蹟。

第六章　神聖的感官性

我認為最神聖之地就是人類身體。

——安東・契訶夫（Anton Chekhov），一八八八年五月

「直接展現，不用多說」，這是每一位寫作老師無時無刻不掛在嘴邊的官方守則，因為確實有效。**而感官性（carnal）正是這一法則的基礎**。我的意思是，你可透過五感來掌握感官性嗎？在撰寫場景時，你必須幫助讀者運用嗅覺、味覺、觸覺，以及想像力與聽覺。作家的本性愈感官化，就愈擅長展示，而且根據感官的不同，還可以往下細分：暴飲暴食的人會讓讀者想起燻牛肉黑麥麵包的鹹味；性上癮者會凸顯光滑的肉體；具備畫家之眼的人會以視覺呈現美感等等。每一本回憶錄都應該充滿身體曾經歷的體驗——蒜味秋葵湯的

味道，撫摸動物皮毛時的感覺，海中的螢光閃爍，讓水下所有東西都蒙上一層螢光綠。回憶錄的五大元素中，感官性最必要的，也是最容易掌握的元素。

小時候，我那在德州做石油工人的老爸讓我明白，講故事的人需要具體證據。當時他告訴我一個賣假酒給城裡小伙子的故事。他哥哥正開車離開，而他爸爸則站在車子旁邊的T字形踏腳板，整個人掛在車子外面，同時，沿路有人開車追著他們，還從後面搶走了他爸爸的褲子。

「吹牛，」我說。「這是卡通《兔寶寶》（*Bugs Bunny*）裡的情節吧！」

「你不相信我？」我確實不信。「事情發生的時候，我就穿著這件T恤。」

我張口結舌。

悲哀的是，除了這件T恤，我爸還從他的過去隨意打撈物件，用來當作他講的故事的物證，而很長的一段時間裡，我都對此深信不疑。這些物件變成具有代表性的證據，將荒誕不經的故事化為現實。

熟練的感官寫作，意味著選擇感官資訊，包括訊息、氣味、聲音，評估這些資訊會對讀者產生什麼心理效應，然後鉅細靡遺地描述情節。一段出色的詳細描述，會讓人感覺細節本身就證實了自己的真實性，讓讀者容易接受。若還蘊含其他詩意，那就再好不過了。細節有種神奇的魔力，只要描述房間中某個角落，就有助於喚起讀者對整個場景的印象，正如康洛伊在書中描述溜溜球的方式，可以立刻喚醒他身體的動覺。

偉大的作家到處尋找具有象徵意義的物件，以便收錄到書中。在任何文體中，這都是關鍵。

既是劇作家也是短篇小說天才的安東．契訶夫，可以透過「皮下注射」*，將一項充滿

＊譯注：契訶夫有醫學背景，這應該是一種比喻，不是真的皮下注射。

象徵性與視覺感的物件打入讀者心中，其中蘊含的意義引起巨大的迴響，以至於光是有這項物件，幾乎就足以描述整個角色。在他那篇經典小說〈帶小狗的女士〉（Lady with a Dog）中，花花公子在夏日度假勝地引誘純潔少婦，結果幾週內就得手了，後來，當她在床上啜泣，他切了一片西瓜。雖然任人宰割的水果不是一種象徵性的替身，不代表那個被毀掉的女子，但這充分表明她的啜泣讓他的欲望*降溫。羅伯特．羅威爾（Robert Lowell）是最早自白的詩人之一，他在描述母親緊張焦慮的心理狀態時，稱她的爪形足古董家具「踮起腳尖」，由此將冷酷的氣氛賦予一種具體的性格。

第一個運用這種精確性吸引我進入她世界的人，要屬瑪雅．安吉羅了。在《我知道籠中鳥為何歌唱》（*I Know Why the Caged Bird Sings*）中，她寫到有一年復活節，年幼的她站在許多教徒前當眾忘詞。她感覺自己困在淡紫色的塔夫綢洋裝裡，她原先還幻想這套洋裝將會讓她化身為「甜美的白人小女孩，成為每個人夢想的模樣，得到社會的接納」。那種備受喜愛的白人小女孩形象，完全不符合她實際的樣貌，因此削弱了她原本可能擁有的自信（還有一部分原因是內在敵人，我很快就會談到這一點）。她緊張地扭來扭去，呼吸急促，慌忙地回憶臺詞，身上那件二手洋裝的絲綢沙沙作響，聽起來就像「靈車後面的皺紋紙」，這種絕妙的聲音比喻讓人聯想到另一個時空的情景——在充當靈車使用的馬車上垂掛許多布。在一開始的場景中，安傑羅所說的每句話都具有一種動態感，於是我們彷彿化身為那個女孩，而她滿面羞愧。

安傑羅從陽光開始敘述，讓我們置身於只有她可以實況報導的時空：

但在復活節清晨的陽光照耀下，可以清楚看出這件洋裝是從一位白人女士丟棄的洋裝裁製而成，不僅剪裁拙劣醜陋，而且布料原本是紫色。它是那種老太太穿的長裙，卻仍遮不住我那已經抹上一層凡士林，還在腿上輕撲一些阿肯色州的紅土，卻仍顯削瘦的雙腿。隨著時間褪色的洋裝，讓我的皮膚看起來很髒。

她運用一些帶有連字符號的形容詞，捕捉到南方人抱怨的特殊口音，例如「原本是

＊譯注：appetite 亦有食欲之意，此為雙關語。

紫色」（once-was-purple）、「隨著時間褪色」（age-faded）、「那種老太太穿的長裙」（old-lady-long）。（在我的家鄉東德克薩斯州，「你沒胸部」〔You no-tits-having〕其實就是一種嚴重的辱罵。）她那雙骨瘦如柴的大腿塗上一層凡士林與紅土，這樣的細節獨屬於她的時代——從她那裡，我頭一次知道南方黑人會用這些東西充當黑襪，取代普通襪子。沒有任何細節是盜用的。正如濟慈（Keats）所形容的，隱喻就像樹上的葉子一樣萌芽新生。

即使安傑羅的柔焦幻想結束，她的描述也絕不會令人感到乏味。於是，她變成頂著一頭「怪異亂髮」的大塊頭女孩，還有一雙瞇瞇眼——「我爸爸肯定是中國人。」她是「被迫吃豬尾巴和豬鼻子」的女孩。此外，她有一雙大腳，「牙縫間的空隙塞得下一支ＨＢ鉛筆」——她所形容的牙縫，甚至讓人想到小孩把鉛筆塞進去的動作。

想想為了呈現感官性，所有安傑羅能用卻沒有用的糟糕的陳腔濫調（「卷曲的」*除外，她曾用過一次），你就會明白，她有種才能，可以讓我們身歷其境。

奇怪的是，只要是用清楚的實物表達的內容，讀者就會「買單」。有一次，我的讀者說：「當你提到那罐老牌清潔劑時，我就知道你說的是實實在在的真話。」有個傢伙，高中時我跟他玩過接吻遊戲，他三十年後嚇呆了，因為我提到他當時穿著胸前繡著一尾小海馬的紅襯衫。「如果妳真記得，那妳肯定是個女巫。」

我重申，在壓力飆高的瞬間，焦點範圍會縮小；這些狀態下的感官記憶，有時或許會比其他狀態下的回憶更鮮明。任何因為腎上腺素與壓力荷爾蒙皮質醇而精神奕奕的人（這跟安傑羅在教堂前感到害怕又不盡相同）都會比其他特殊時刻留下更深刻的感官印象。回到前面提及的接吻遊戲，我依然可以清楚感覺到自己在暗戀已久的男孩懷抱中。將近四十年後，我依然可以聞到他口中水果口香糖的味道。我舉起雙手防衛，稍微拉開我們之間的距離，結果海馬的輪廓就這麼印在我的指尖上。

＊編注：nappy，常用來形容黑人頭髮卷曲蓬亂的狀態。

當然，不論描寫實物的細節如何令人信服，但對驗證真相仍是毫無幫助的。我對各種事物的記憶肯定有出錯的時候。比方說，或許我親吻的那個男孩正在嚼的是火箭炮泡泡糖（Bazooka Joe）或雙倍泡泡（Dubble Bubble）的泡泡糖。但我認為在這種情況下，具體的記憶（即使錯誤）還是受到允許的，因為讀者都明白記憶會出錯，而且也接受這個事實。

非感官性的人若想成為令人難忘的敘事者，得多花些氣力。刻畫一個角色時，我們都會從輕描淡寫地勾勒出頭髮、眼睛與體重開始，看起來就像駕照上的照片；而思慮沒那麼周到的作家或許就此不再提及那個人的具體外觀了，彷彿這樣輕輕帶過一次，就足以留下不滅的印象。（年幼的我容易激動、焦慮且高度警覺，以至於我總是用放大鏡來檢視別人。同樣的刺激，別人幾乎沒什麼感覺，我卻反應很大。）

任何出色的回憶錄，在闔上書頁的瞬間，書中的世界應該會在讀者心中激起漣漪，而且，當你重新翻開書頁，便同時開啟通往另一個國度的大門。擁有清晰記憶的人都可以透過練習描寫事物，練就半成功力。希拉蕊・曼特爾（Hilary Mantel）曾表示，她之所以對自己的回憶有自信，是因為那些回憶栩栩如生：「雖然我早期的記憶並不完整，但我不覺得那些回憶是用來填補記憶空白的虛談（confabulation），或者不完全是。我之所以如此相信，是因為我的記憶具有難以抗拒的感官力量，而且本身就很完整，不像那些被照片愚弄的主題，讀者還得自己摸索。當我說『我嚐過』，我就嚐到了，而當我說『我聽到』，我就聽到了；我指的可不是『普魯斯特瞬間』，而是『普魯斯特電影膠片』。」*

和曼特爾一樣，最鮮明的記憶經常帶給我一種詭異的感覺，彷彿我正透過以前的眼睛向外看數十年前便已消失的景觀。舊的自我回來了，那是過去的臉。當我的內在發生這種轉變，我幾乎只需要記下眼前所見的一切就好。

我們來比較兩位大師級作家，一位正處於非感官性的瞬間，另一位則置身於感官性的瞬間。在羅伯特・葛瑞夫茲（Robert Graves）一九二九年的作品《告別一切》（*Good-Bye to All That*）中有一段話，雖然是很好的散文，但並沒有充分展示出他在第一次世界大戰之後

＊譯注：這裡的典故出自法國文學家普魯斯特所著的《追憶逝水年華》，所謂「普魯斯特瞬間」指的是透過味覺或嗅覺喚起一段鮮明回憶的瞬間。

的心理狀態：

> 我心理上依然處於緊張的備戰狀態。入夜後，我的床上就會爆發激烈戰火，儘管南西和我睡同一張床；白天遇到的陌生人，會突然化為戰死的朋友們的面孔……。我無法使用電話，每次搭乘火車旅行都很不舒服，而且，只要在一天內看到超過兩個陌生人，我晚上就甭想睡了。*

你可別誤解我對葛瑞夫茲的看法：他是非常擅長挑起肉體感官的作家，筆下的壕溝戰讓讀者神經緊繃到腸子都快打結了。但是，他在這裡用的句子更接近語意記憶（semantic memory），而非情節記憶（episodic memory）——後者訴說的不僅僅是親身經歷的回憶。他的文句是由好幾個場景濃縮而成，並非單一場景。他告訴你他不舒服，但並未敘述是怎麼個不舒服。

文中唯一的感官記憶是在床上爆發的戰火，雖然誇大，但他也沒有進一步敘述。因為他用的是複數，那些幽靈的面孔對我們來說就沒那麼栩栩如生了。（補充一下，他也看到過很多「單數形式的幽靈面孔」——我只是為了解釋這邊要講的觀點而擷取片面的例證。）

與此相比，對於在《戰地報導》描寫自己「腦中突然閃現的糟糕回憶」，麥可・赫爾認為，那些感官性的細節很像吸毒引起的迷幻體驗。

現場傳來搖滾樂的聲音，火焰在音樂中噴發，人們高聲尖叫。有一次，我在西貢吃牛排時，牛肉讓我產生了噁心的聯想：想起前年冬天在順化看到的腐爛和燒焦人肉。最糟糕的是，眼前那些來來去去的人們，你分明早就在戰地救護站與直升機上親眼目睹他們死去。那個戴著細框眼鏡、有著巨大喉結的男孩，一臉冷漠地獨自坐在露台上的桌邊，看起來很像兩週前死去的海軍陸戰隊士兵。

赫爾起初大吃一驚差點昏倒，重新再看一次才發現那個死氣沉沉的男孩不是鬼。這種

＊作者注：葛瑞夫茲也提到，光是他在法國的前四個月時光，就在他腦海中縈繞超過十年。他寫道：「在盧斯戰役（Loos）之後，我的情緒記錄機制似乎就失靈了。」他的記憶彷彿酩酊大醉，不再儲存眼前經歷的一切。

突然閃現的回憶是由氣味觸發的，「牛肉帶來的噁心聯想」和「腐爛與燒焦」。不同於葛瑞夫茲用複數來回憶「逝去的朋友」，赫爾看到一個特定的海軍陸戰隊士兵鬼魂，而他「戴著細框眼鏡、有著巨大喉結」。赫爾繼續用我們這些讀者可以領略的方式來描述他的壓力反應：「我的喉嚨哽住，呼吸困難，而我的臉色蒼白、皮膚發冷，整個人搖搖搖（shake shake shake）。」（他用歌詞和黑色幽默巧妙地轉移讀者的情緒，那句諷刺的「搖搖搖」是搖滾樂的術語，為《戰地報導》的論調注入動力，並引導讀者遠離悲情。）

當然，**帶有感官性的記憶不見得是創傷。普通的回憶之所以在腦中迴盪不去，是因為一再重複**。我有個朋友是神經學家，他帶上大學的女兒去一家新開的連鎖餐廳吃飯，那家餐廳剛的前身，是他女兒還在蹣跚學步時，他們每週六都會光顧的餐館，而且總會點一份南瓜鬆餅。到了新餐廳，我朋友什麼都沒說，只是塞給女兒一片他點的南瓜鬆餅。她才吃第一口，就熱淚盈眶，開始描述以前那間餐廳的每一個細節，還有他們用餐之後會去植物園。「但這不對啊。」她說，「這地方不是才剛開幕嗎？」

你知道《機器戰警》（*Robocop*）中的彼德・威勒（Peter Weller）嗎？他穿著某種金屬

裝甲，具有配備電腦裝置的眼睛、抓握力強大的鐵腕雙手。而一個擅長描寫肉體感官的作家不會打造出機器人，而是感覺得到呼吸和味道的阿凡達，讀者可以爬進裡面，套上作者的雙手，穿著她的鞋。只要拉上拉鍊，讀者就披上了你的皮。

第七章 如何挑選細節？

文學與生活的不同之處在於，生活有許多無法歸類的細節，而且鮮少引導我們走向它，文學卻教我們關注。文學讓我們更關注生活；我們開始在生活中實踐；而這一點反過來讓我們更能領會文學中的細節，再轉過來讓我們更能領略生活。

——詹姆斯・伍德（James Wood），《小說運作機制》（*How Fiction Works*）

小時候，我應對自己的家庭危機的辦法，就是去欺負隔壁比我更年幼的小孩，他叫米奇・亨茲（Mickey Heinz）。沒錯，我被欺負過，然後我也欺負別人——這就是苦難的傳承。在撰寫《大說謊家俱樂部》時，我盤查自己的回憶，提出四項可能需要提供給讀者的細節：

1. 我們知道他媽媽快到家了，於是就慫恿他和一個鄰居女孩鑽進衣櫃裡，並脫掉自己的褲子。
2. 我逼他吃掉一個三明治，裡面夾著令人作嘔的東西，我忘了是泥巴還是狗屎。
3. 有一次，我找他玩捉迷藏，然後逕自回家，讓他在外面找了一下午。
4. 我曾說服他用衛生紙把雀巢即溶巧克力粉捲起來當菸抽，結果害他舌頭燙到起水泡。

第一點需要用一個完整的場景呈現，太耗時間了。此外，這段回憶幾乎是語意記憶，亦即比較偏向概念，而非具體畫面。我不信任這段回憶。這個故事很可能只是鄰里之間的傳說。我從故事中看不到任何實際畫面。

第二點看起來也像是我從別人那裡聽來的事。在我們街坊，逼別人吃可怕的東西是很常見的伎倆，搞不好根本就不是這個孩子。

第三點沒其他場景那麼戲劇化。

但第四點的假香菸，我在其他地方都沒有聽說過類似的事。這牽引出了一系列實體細節：例如對街有位父親用紅色錫製捲菸器自己捲菸來抽，而我們從廚房抽屜偷出捲菸器，還拿走了櫥櫃裡的即溶巧克力。

那些具體的畫面讓我相信這個記憶確實屬於我的，而非僅是道聽塗說。任何喝過滾燙咖啡的人都可以體會舌頭燙傷的感覺。有一個最真切的法則可以幫助讀者身歷其境，就是描寫具體的小事。我還記得他給媽媽看起水泡的舌頭，而且我們這些鄰居都聽到他在浴室被打到屁股開花，這一點也非常具體——「一支髮梳打在他胖嘟嘟的小屁股上」。那一幕情景展現出我們建立在別人痛苦之上的變態性集體狂歡。此外，偷聽別人家上演的鬧劇，也是那本回憶錄的重要元素之一；心事重重的孩子擔心的事往往不是被人看見，而是被人偷聽。

第八章
推銷、上當與超級大騙子

我看到先知撕掉他們的假鬍子，
我看到騙子變成披著羊皮的狼，
吹起牧羊人的笛子，逃離眾人的憤怒，
加入執行鞭笞的行刑者行列。

——茨畢格紐．赫伯特（Zbigniew Herbert），〈我親眼所見〉（What I Saw）

或許回憶錄中的欺騙會讓我如此氣惱，是因為幾年前我曾具名推薦一本書，那可說是史上最大的文學詐欺之一。班傑明．維克米斯基（Binjamin Wilkomirski）假冒大屠殺倖存者，在自傳《片段》（*Fragments*）中記述童年時期對奧斯威辛集中營的回憶，一九九六年英國版上市時，書中收錄了我寫的推薦語。但布魯諾．德斯卡（Bruno Dösseker，這是維克米斯基出生證明上的本名）不僅在瑞士安然度過戰爭，他甚至不是猶太人。他開始把自己的「回憶」傳真給心理醫生，有時候對方會一口氣收到十或二十頁，但心理醫生知道他的患者其實無法分辨現實與幻想。「如果他將書名取為《來自心理治療的片段》（*Fragments from a Therapy*），那就沒事了。」菲利普．古里維奇在《紐約客》（*New Yorker*）的曝光報導〈記憶竊賊〉（The Memory Thief）中，引用了他的心理醫生這段話。

如今這本書的謊言看起來如此明顯。除非維克米斯基是超人或橡膠製品，否則他怎麼承受得住他所聲稱自己受到的那些折磨——那是有文字記錄以來，最慘無人道的經歷。他聲稱自己三歲時，就咬著警衛的二頭肌，只靠牙齒的支撐力吊在半空中。連馬戲團都找不到這種強而有力的下巴，再加上警衛必須顛倒自己的手臂，讓二頭肌朝下，才能支撐這個有著剛強下巴與剛毅性格的幼兒重量。而當輸送帶載著他通往焚化爐，赤裸的屍體就疊在他的身體下面，他感覺到兩隻無形的手突然出現，在最後一刻從焚化爐救出他。這些險象環生的經歷，他都記在那個在他眼中像個得了狂犬病的吉娃娃的納粹士兵頭上。

一部分的我明知這是假的，卻壓抑自己，依然支持那本書。為什麼？是因為那本書在國際間引起廣大迴響，所以唬住我了嗎？現在想想，關鍵在於我怕這些遭遇萬一是真的，而我卻否定了一個集中營倖存者目擊的真相，那我肯定會有罪惡感。我就是不信任自己的直覺。

不過，跟我有同樣問題的，大有人在。維克米斯基繼續在巴黎獲頒「大屠殺回憶錄文學獎」（Prix de Mémoire de la Shoah），在紐約擊敗埃利・維瑟爾（Elie Wiesel）和阿爾弗雷德・卡辛（Alfred Kazin），贏得「全國猶太圖書獎」（National Jewish Book Award）。此外，在書上跟我並列的推薦人還有基塔・瑟倫利（Gitta Sereny），她是傳記作家兼調查記者，曾參加紐倫堡大審，為艾伯特・史畢爾（Albert Speer）*寫過傳記（或許是最權威的版本）。

現在，維克米斯基依然對自己的故事堅信不移，即使證據確鑿也不改變主意。如果這

---

*編注：德國建築師，在納粹德國時期成為裝備部長以及帝國經濟領導人，在後來的紐倫堡審判中成為主要戰犯。

個人曾經是有意欺騙我們，古里維奇說，那他肯定是史上最糟糕的欺騙者，因為他留下的線索太豐富了。維克米斯基顯然並非蓄意欺騙，反倒像是精神錯亂。

我在課堂上做過有關「大眾的天真」的練習，這是最令人沮喪的習題之一，我從大屠殺回憶錄中摘錄兩章內容，隱去姓名，發給各班學生——其中之一是普利摩．李維（Primo Levi）在奧斯威辛集中營備受折磨的真實求生經歷，另一篇則是維克米斯基的文章。每次請學生票選真實性，都是已經證實作假的維克米斯基票數大幅領先。

我那些非常聰明的研究生（有些還出自常春藤盟校）提出以下理由，說明他們為什麼接受維克米斯基的說詞。

1. **他並未試圖讓自己看起來像英雄**。（我不同意：他讓自己看起來像受害者，而受害者變成倖存者，倖存者就會化身為英雄。）

2. **他為什麼要撒這種謊**？（他的心理醫生和曾採訪他的古里維奇認為，他似乎相信自己的謊言。）

3. **文字具有即時感；**文章中的第一人稱現在式讓他看起來似乎記憶猶新，而李維審慎對待情緒的寫法比較正式，缺少重溫往事的臨場感。

4. **缺少詳細的闡述或修辭，代表沒有經過周詳的思考，**因此也不會出現人為造假或欺騙。

5. **跟李維的文章相比，這篇更口語——**對許多學生來說，不正式等於真實。

6. **這是斷簡殘篇，**像是創傷性記憶或電影的回顧畫面。

7. **他在文中收錄對話。**真正的倖存者李維較少使用對話，維克米斯基書中的對話卻很長。

8. **李維使用太多專有名詞**——他怎麼可能全都記得？（我認為他很聰明，或者他可能查過。）

9. **李維聽起來太聰明，太像上流社會了，這讓學生覺得他裝腔作勢**；他們認為維克米斯基的寫作並不正式，所以維克米斯基獲勝。（他們對左翼作家歐威爾〔Orwell〕也有同樣的不滿——他聽起來太賣弄學識了。）

10. **萬一這是真的，而我們卻不相信他，那怎麼辦？**

二〇〇八年，十八名學生中，只有三人發現李維的可信度較高；二〇一二年，二十一名學生中，還是只有三人覺得李維的可信度較高。在我看來，合理的判斷依然處於劣勢。

在欺騙大眾時，推銷者常自欺欺人。詹姆士．弗雷（James Frey）在出版《歲月如沙》（*A Million Little Pieces*）之前，肯定為努力戒酒並保持清醒奮戰過，只不過不像他所宣稱的那樣。毫無疑問，他遭受地獄般的痛苦，但不知怎地，他騙自己親身經歷的痛苦不夠悽慘，或他的真實性格不夠男子氣概，或沒有好到值得細看。但是，任何上癮者洗心革面的過程都是一場惡夢。他的真實故事肯定值得一讀。

•

如今，真相變化無常，並非一成不變。我們比任何時候都心知肚明，人們就像瘋了似的撒謊。他們以前或許也謊話連篇，但如今多了許多相機與媒體的監督，似乎比過去更容易逮到他們說謊。透過網路，有更多人加入搜捕通姦者與脫序名人的行列。

當趨勢一旦形成，即使是屁話我們也會相信——就是因為有這種傾向，家族的「否認系統」才能固若金湯。或著我們也會一頭栽入自己想要相信的故事中，無法自拔。謊話連篇的故事吸引了上百萬絕頂聰明的讀者，愚弄他們。我一直對劇作家莉莉安．海曼（Lillian Hellman）在《舊畫新貌》（*Pentimento*）中描寫的故事很著迷，儘管她總是自吹自擂；直到有一天，以嚴謹追求真相聞名的瑪麗．麥卡錫在迪克．卡維（Dick Cavett）的電視節目上告訴觀眾：「她滿嘴謊言，就連冠詞和連接詞都是假話。」世上沒有任何保護措施，可以幫助我們對抗說謊成精的騙子或廣告業務，絕對沒有。

儘管如此，最近有股趨勢讓我耿耿於懷：即使事情可能是真的，人們還是會加以否認。在一場校園性騷擾的調查中，我的系主任說：「這件事沒有真相，只是男女雙方各執一詞。」這兩句話激怒了我：女方要麼受到侵犯，要麼沒這回事。誰是誰非，黑白分明。

當然，我們對事件的解讀確實會出錯。兩名警察毆打一名黑人，聲稱他正伸手去拿藏在褲子裡的武器。影片顯示，受害者確實摸索著找東西，但那是氣喘吸入器。

在搖擺不定、自相矛盾的心態下，我們把「可能性」和「真相」劃上等號，這種奇怪的偏激心理導致我們接受書上所有胡說八道。也或許是《鋼鐵人》（*Iron Man*）、《地心引力》（*Gravity*）和密集的吸血鬼與僵屍賣座鉅片，養成了我們對奇幻的胃口，逐漸破壞大眾心中判斷真相的那把尺，即使是聰明絕頂的人，也會受到影響。（好吧，我承認還是有些蠢貨。我朋友看完《基督最後的誘惑》〔*The Last Temptation of Christ*〕，走出電影院時，無意中聽到有人說：「我不知道原來耶穌這麼矮。」）我們對奇事的渴望，導致許多「回憶錄作家」

為了抬高自己故事的身價，不惜捏造事實，他們相信炮火猛烈的故事才能贏得最多觀眾的注目。

然而，正是那些敗壞門風的騙子大談非小說和小說之間的模糊界線，他們肆無忌憚的發言已經主導了回憶錄寫作圈的氛圍。

當我讀到騙子詹姆士．弗雷中槍，子彈射穿他的臉頰，而他就這樣帶傷上了飛機，我心想，即使是在九一一之前，機場安檢人員看到槍擊傷者登機，肯定也會皺眉吧。

當他宣稱他曾在沒有施打麻醉劑的情況下接受牙齒根管治療，全世界腦子清醒的人都知道，這種折磨人的療程根本是假的。子彈孔和未經麻醉的根管治療，都露出了馬腳。讀者只要暫停一下，就算只想個一秒也好，必定會替這傢伙冠上「胡扯大王」的稱號。

我的猜測是，許多人只是聳聳肩，毫不在意，因為我們早就選擇接受小說與非小說之間那條微妙的界線，以至於難以分辨。這正是弗雷在電視上強力辯解的論調。他一廂情願地為所有回憶錄作家發言，一副自詡正義的模樣，向歐普拉和賴瑞・金（Larry King）宣稱，既然回憶錄是「新」的文體，那麼他那無恥的「加油添醋」寫法正好可以成為所有回憶錄的慣例。（你聽見了嗎，聖奧古斯丁？）他這種自以為是的辯解和毫無歉意的態度，讓我們知道自己面對的是說謊成性的偽君子。

當然，我們不可能識破他所有的謊言。有一次，他把自己形容成雄赳赳、氣昂昂的亡命之徒，赤手空拳和條子打架，還遭遇各種不實指控，結果被捕入獄──他所謂的「一個月牢獄之災」，其實只是一起酒駕事件，他在俄亥俄州警局待了幾小時，喝了點咖啡，支付七百三十三美元的保釋金之後就被放了出來。他那受過大學教育的女友，被他寫成從青春期開始就吸毒的妓女。他聲稱「我支持自己的書」，部分原因是書中只有十八頁出現謊言（相當於全書百分之五的內容），「而這在回憶錄的合理範圍內」。

按照他的邏輯，憑空捏造事件，和其他回憶錄作家為了掩護某人而模糊身份，或者記錯日期，兩者的道德程度相等。

這不完全正確。回憶和事實之間的界線確實模糊不清，介於自我詮釋與事實之間。世上有很多無意中犯下的錯。但弗雷並沒有「記錯」或真心認為自己有槍傷。他不是真的相信自己曾入獄一段時間，畢竟當時他連一天也沒被關過。他確實存心愚弄別人。

《三杯茶》（*Three Cups of Tea*）中的葛瑞格·摩頓森（Greg Mortenson）也是同樣的情況，這個卑鄙的傢伙以聖人之姿在阿富汗到處辦學。他並未產生幻覺，以為自己遭到塔利班綁架，其實他一直在某個善心人士家中接受款待。他捏造事實，為自己塑造高尚的公眾形象，讓大家以為他是熬過殘忍折磨且不念舊惡的倖存者。強·克拉庫爾的《三杯騙局》（*Three Cups of Deceit*）詳細描述摩頓森如何公器私用，從他的慈善組織盜用大筆金錢，租下私人飛機到各地銷售書籍，還購買自己的書，以便占據排行榜。蒙大拿州的檢察官勒令他償還一百萬美元，才解決了這場訴訟。然而，就在二〇一四年一月，我看到摩頓森使用模稜兩可的「非自白」迎合人心，同樣的話也出自詹姆士·弗雷之口：「我犯了一些錯。」

我既不想在愛好回憶錄的讀者群中培養謊言緝查犬，也不想害未來的回憶錄作家從此不敢說話，害怕自己的心智不像電腦檔案和影像片段那麼堅定可信。我並不嚮往客觀真相的黃金時代，那裡有人像糾察隊一樣監督內容的真實性，巡視回憶錄裡的對話，除非作者有明文記錄支持他寫的內容，否則就會要求刪掉。但是，大家普遍有種充滿諷刺的假設性看法，認為回憶主要是由自我的幻想捏造而成，而每個人都試圖草草帶過，反而會讓我們的集體道德機制陷入泥沼。

我們的疑心已經將說謊成性的騙子動機，擴展到每個人身上，包括善意求真的人。這樣一來，我們就會讓少數的陰謀家主導一切。可恥的騙子會推波助瀾，讓大家相信，有頭腦的人根本分辨不出有根據但未經證實的真相與精心設計的騙局之間的差異。我們開始放棄所有判斷，取而代之的是這種想法：喔，誰知道呢，任何事都有可能發生，反正每個人都會說謊。

至於我崇拜的回憶錄與報導文學作家，他們並不覺得這條界線如此模糊不定。希拉蕊・曼特爾依然瞄準純事實：「我會投入心力在查證上，絕不會說：『沒關係，現在那已經成了歷史。』」大衛・卡爾（David Carr）撰寫〈記者遊走於真相邊緣〉（Journalist Dancing on the Edge of Truth），指控喬納・雷爾（Jonah Lehrer）偽造巴布・狄倫（Bob Dylan）的言論而令《紐約客》蒙羞，他在文中概述這個曾經很簡單的標準：「每個出身傳統媒體的記者都可以告訴你，當編輯把他們按在牆上，往他們的腦中深入灌輸這則訊息：『尊重這一行的基本原則，否則你很快就會被踢出去。』這種時候有如神啟。我本來將要到我嚮往的出版社上任，卻因為拼錯出版商的名字而丟了這份工作。真的很蠢，但我獲得殘酷的教訓，從此沒齒難忘。」（《紐約時報》，二〇一二年八月十九日）

然而，虛假的記憶、弄錯嫌疑犯和對自己的回憶含糊其辭的傢伙們，最終往往讓傳記圈的氛圍凝重起來，我依然認為，我們的文化對於真相的看法不大正常，如今要是沒加引號，幾乎連一個字都不能寫。有時候，讓我震驚的是，即使我們知道一件事是真的，這麼說還是很無禮，彷彿在宣稱真相——什麼？破壞別人的經驗？最重要的是，沒有人想要讓自己聽起來像熱衷於改變別人信念的傳教士，只顧自我滿足，而每個人都可以抓住自己的錯誤不放，揭開真相。

如果美國還有信條，那麼就非「懷疑」莫屬了。誰相信得最少，誰就贏了，因為他永遠不會被發現出錯。

我認識的非小說作家，有許多還在堅守著「真實」這項簡單法則，在一次又一次的修正中，蹂躪自己，試圖符合真相。但奇怪的是，我在電視上從未看過對這項準則的討論，一分鐘也沒有。

這忽略了現實——我難道是世上唯一相信這一點的人嗎？——**雖然大多數的回憶錄作家都知道過去是泥沼，但仍試圖尋找一個堅實的立足點**。有些回憶——通常是最美好和最糟糕的——會在我們內心終生綻放璀璨的光彩，令人難忘，呼求我們提筆記下來。

第九章 內心世界與內在敵人：內在的煎熬比外在的打擊更深刻

從某種意義上來說，這是一種不幸：
我太過關注精神世界，成天活在已逝的古人中間。
我的心思就像古人的鬼魂，在人間遊蕩，
竭力在心中打造過去的世界，
儘管那裡早已成了廢墟，發生令人困惑的變化。
不過，我還是得特別謹慎，好好保護我的視力。
——喬治．艾略特（George Eliot），《米德鎮的春天》（*Middlemarch*）

感官性或許可以決定一本回憶錄是否出色，但相機無法捕捉的內心世界，卻讓一本書具有可讀性。透過可讀性，可以把回憶錄轉化成上乘之作。你和大多數作家的連結通常在於你多認同他們、是否感同身受（納博科夫和一些作家例外）。通常，比較優秀的回憶錄作家會以前述的內在敵人為中心，建立生命故事的架構——亦即**將作家本身的心理掙扎化為全書脈絡或情節引擎**（plot engine）*。

閱讀內心世界，讓我們體驗神奇之旅，暢遊各界，包括時間與真相、希望與幻想、回憶、感受、念頭、憂慮。

你無法以感官方式呈現的情緒，就透過描述表達出來。一旦作家反思自己的感受、怨懟、快樂、密謀或判斷，她就會深入內心，找到事情的緊要關鍵與意義。

在本書剛開始提到的童年故事中，作家喚醒感官知覺的意識，通常第一個浮現的是保存最久的回憶，而且往往是一些瑣碎小事，作家靈光一閃，將這些片段化為栩栩如生的存在。納博科夫將這樣的時刻變得如此獨特，他的寫作機制簡直像在對我述說，帶領我進入他筆下的意境，彷彿他描述了某件我也感同身受卻無法清楚表達的事：「我看到逐漸喚醒的意識，就像一道道接踵而至的閃光，隨著閃光的間隔逐漸縮短，最後形成一大塊亮晃晃的知覺，讓記憶在此不穩定之地暫留。」當你看著敘事者在意識的邊緣感覺記憶「在此不穩定之地暫留」——探究到底記下了什麼——你就進入了一套獨特的心理觀點中。但渴望過往時光「暫留」或永遠存在，正是納博科夫的內在敵人。

即使是面對龐大外在敵人的作家，也必須在一本書的寫作過程中面對自己。不然，幹嘛要用第一人稱寫作呢？

作家必須在前幾頁就呈現分裂的自我或內在衝突，形成這本書的推動力或貫穿全書的主線——某種為了在書的結尾全面檢視自己而進行的旅程。不論一本書看起來多隨意或多不連貫，強烈的心理掙扎都會將其貫穿起來，透過主題或情節，將書收攏在一起。內在敵

＊譯注：所謂「情節引擎」，亦即掌控情節產生的關鍵。

人往往與作家對手邊作品投入的情緒相吻合。她為什麼想要說出這個故事？通常是為了回到往日時光，彌補過去的失落，從而整合當前的身分認同。

法蘭克．康洛伊的內在敵人是，面對他那窩囊的家庭，除非自我疏離或以自我毀滅的方式進行反叛，否則無法在混亂中維持平衡或克制自我。《斷線》呈現出一個痛苦的孩子如何透過「拉開距離」來保護自己。內在的放空或空虛讓康洛伊心有餘裕，得以從混亂而痛苦的生活環境中擷取創作「音樂」的靈感——我認識他時，他是一位專業的爵士鋼琴家。他展現出一個貧困的孩子如何生存下來，不僅僅是承受痛苦，而是透過「解離」（disassociation）的心理作用，讓意識脫離當下的時空。

> 至少一小時以上，我整個人陷入恍神狀態，一動也不動，眼睛睜開，目光卻鮮少移動……在這種狀態下，耳朵似乎距離我相當遙遠。我躲進了腦袋深處。

這本書潛伏的主題是童年漫無目的的無聊。既然小孩子沒什麼權力與影響力，他們就必須欣然接受無所事事的時光。康洛伊對此苦不堪言。

我十一歲抱持的哲學是懷疑論。就像大多數孩子一樣，我對於言行不當很敏銳，也很反感。我等待，無比耐心地等著重大事件發生。牢牢掌握現實，這一點至關重要。我必須眼明心亮，才能在「那件事」發生的時候有所覺察……。（這其實是非常失敗的哲學，因為根本沒事發生。）

當粗心的父母與無精打采的老師無法保護他，他漸漸「陷入困境中」。他在書中一開始就描寫長大後的他酒醉駕車，以一百六十公里的時速從倫敦飆回位於郊區的家。他這種目無法紀的性格讓人們愛上他，卻也讓自己陷入危險。

至於哈利・克魯斯，無父的成長過程讓他無法養成堅實的自我。他在書中一開始就寫道：「因為我從不知道自己是誰。」他的身分認同遭到剝奪，只能透過重新理解失去的家鄉來重拾對身分的認同——部分透過父親的回憶，他父親在那裡長大，然後在克魯斯出生前就死了。這本書提到的情感追求是蒐集與敘述老故事，填補作者與父親、家鄉的人之間的空白。否則的話，克魯斯可能就得以無法定義的變形人身分度過一生，變成任人擺布的木偶。他形容自己從一個面具換到另一個面具，「很容易陷入和脫離各種身分認同，就跟穿脫衣服一樣簡單」。他聲稱，即使是我們認為獨特的聲音，其實依然跟油灰一樣善變：身為報導記者，他在採訪電影明星或卡車司機之後重聽錄音帶，發現「自己的聲音和第三捲或第四捲錄音帶中訪談的對象難以區分。我內在有某種模仿天賦，可以在接近別人時，模擬對方重複發出的無意義聲音（verbal tics）與慣用語」。

在他那本書名男子氣概十足的《血與玉米粥》（*Blood and Grits*）中，他坦承自己是因為出身於目不識丁的佃農家庭，才試圖成為作家：「我寫下的一切均是出於恐懼與憎惡——我對自己的本質與身分既害怕又討厭。我的文字全都來自我拚命想假裝自己是別人。」

在這裡似乎很適合提到稍後我們會發現的事：克魯斯還在襁褓中時，他媽媽就已經改嫁了，而且直到六歲，被他稱作「爸爸」的是個暴戾的酒鬼，讓整個家驚恐不安。早在克魯斯構思出「父親」這個角色之前，他所哀悼的父親在佛羅里達州沼澤區做疏浚船員時就因為淋病失去了一顆睪丸。當時傳染淋病給他的是「一個扁臉的賽米諾爾族（Seminole）女孩，她發出母豬般的呻吟，聞起來就像在樹林裡被獵殺動物，而且他連對方名字都不知道」。

當他寫出這些有損形象的行為，這種醜化的描寫有助於貼切形容我們艱難的處境——這個世界到處都是大聲嚎叫的豬和躺著也中槍的倒楣事，你走到哪都得聞那股味道。這是一個用肌肉溝通的世界，擠滿了最為粗糙剛硬的舉動。

但是，那個失落的世界也是人們一起拼搏的地方，最重要的是，克魯斯聽起來如此寂寞與疏離。那種固若金湯的社群意識，對他來說就像飢餓的人看到食物一樣。克魯斯似乎從未有過死黨，像他父親在疏浚工作隊中的夥伴那樣，那個夥伴帶他父親去拿掉一顆睪丸。在此之前，他們倆還先對此事冷酷地嘲弄了一番，而這讓他們更加緊密。

疏浚機規律有節奏的引擎聲和我老爸顫抖的聲音形成對比，當時他正告訴賽西爾事情不對勁。

當賽西爾終於開口說話時，他說：「哥兒們，我希望你有爽到。我就會這麼做。」

「爽什麼？」

「那個印第安人啊。你染上了淋病。」

但我爹早就知道了。他每次小便時，都會感覺有把火在肚子裡燃燒，感覺就像火燒生肉似的，讓他幾乎尿不出來。自從這現象出現後，他就沒怎麼想過別的可能。他能想到的，只有那個躺在棕櫚葉頂棚屋下被蚊子叮咬，和他發生關係的小妞。

因為這類故事相當於克魯斯父親留下的遺產，更是他與這個世界保持連結的主要紐帶，這個地方和他父親飽受折磨的身體，形成一種感官性的現實，立刻讓我們深信不疑。

我們感覺到，為了展現他自己的男子氣概，克魯斯老爸象徵著粗魯的、高大肥胖的男性。而克魯斯所有的硬漢舉動——從加入海軍陸戰隊、鬥毆鬧事、巡迴演出到刺上大片的骷髏頭刺青——這一切似乎都源自作家渴望有個男性家長符合尼采口中的「超人」狀態（übermensch），可惜他幻想中的家長只存在於照片與故事裡。「他是那種老是拔槍的人，常躲在威士忌酒瓶底下逃避現實。」那永遠是一種憂傷的泣訴。原諒我在這裡滿嘴佛洛伊德，不過，只有一顆睪丸卻老是拔槍的父親，這種描述聽起來的確像是兒子絕望的渴求富有男子氣概的老爸。

●

「現代主義」（Modernism）有個特徵，作家會本能地把自己投射在筆下的現實中，就像戲院的角色「打破第四面牆」，直接對觀眾說話。在類似克魯斯這樣的衝突中，**說故事的過程在某種程度上是在解決心理上的核心問題——其中蘊含了形式與內容的詩意結合。**媒介就是信息。再一次，我們聽到曼特爾在《棄鬼》中費盡辛苦地處理自己的能力，將她的超自然體驗和人們因她的信仰而認定她是瘋子的時光結合在一起：

所以我現在來寫回憶錄。我告訴自己，乾脆就講講你是怎麼把一間鬧鬼的房子賣出去的吧。但這個故事只能講一次，而我必須做好這件事。為什麼寫作這種行為會產生這麼多焦慮？瑪格麗特．愛特伍（Margaret Atwood）說：「寫下的文字和證據非常相似，都是可以用來對付你的東西。」我曾認為自傳是軟弱的形式，或許至今我依然這麼想。但我也認為，如果你明明脆弱，卻還假裝堅強，是很幼稚的行為。

除非你在一項書寫計畫中先坦承自己的情感糾葛，否則讀者為什麼要對你的故事感興趣？作家替手邊的文稿設定個人的理由，而她的心理掙扎則為故事加料。下一段出自我的第一本書，書中的我試圖解釋我所不知道的過去如何成為揮之不去的陰影：

當真相讓人無法忍受時，人們通常會拋諸腦後。但，事件可能會陰魂不散地留在你腦中。然後，就像擦掉教室黑板上寫錯的字遺留的痕跡，這種擺脫不掉的回憶模糊不清，會吸引過度的關注……。夜晚對我主要的影響在於內在。我房子不對勁的事實轉變成我自己不對勁的念頭，或者我在這世上得以生存，仰賴的是我一直對各種不對勁的情況保持警惕。

在《夜》（*Night*）中，集中營倖存者埃利．維瑟爾對於自己對待已逝父親的方式深感愧疚而備受折磨，其中產生的痛苦或許不亞於過去納粹酷刑造成的傷害。當這個生病的老人一邊經歷臨終前的劇痛，一邊呼喚作家的名字，年輕人卻躲得遠遠的，抱怨父親老是發出那些痛苦的哀嚎，那叫聲最終招來了納粹親衛隊的襲擊：「我永遠不會原諒自己。他的遺言是我的名字。是一種召喚，我卻沒有回應。」沒錯，集中營與其酷刑折磨讓維瑟爾難以承受，但這種內在的衝突卻加強了故事的深度。在這本書後來的版本中，維瑟爾刪掉了這一段，宣稱這段內容「太個人、太私密，或許……。」在我看來相當令人不解。

我必須趕走自己的內在惡魔，這也是為什麼我總是先從摸索自己的回憶著手。只有在寫過幾份草稿後，我才會著手開始「調查」，或拜訪舊識，或傳閱我的手稿。經過我自己反覆咀嚼和演繹的記憶，才是令我苦惱的關鍵，也只有那些記憶，可以幫助我讓一本書成形。

閱讀喬治．歐威爾的精彩短篇〈射殺大象〉（Shooting an Elephant）——從我的目的出發，可以把它當成迷你版的回憶錄來讀——你會看到一個人的分裂與衝突。他並未試圖為自己在緬甸的行為辯護，當時身為英屬印度殖民政府警察的他，射殺了一頭昂貴的動物。那時候，他還不是政治左派，但在海外工作，他漸漸對帝國主義失望透頂，開始同情他受聘鎮壓的人民，日後更加入西班牙內戰，寫出《1984》。

另一方面，人民故意激怒、折磨他——他們顯然是外在敵人：「在下緬甸的毛淡棉，許多人憎恨我——我居然重要到如此引人注目，這倒是一生中絕無僅有的經驗。」

但讓這篇作品成形的內在掙扎，是仇恨如何開始扭曲他的內心。歐威爾被自己的惡意淹沒了，於是他描寫一些年輕和尚在街頭與茶館廝混，不務正業，專拿路過的人尋開心，一見到他就取笑他：「我想，世上最大的樂事莫過於把刺刀捅入一個和尚的肚子裡。」

如果你還沒讀過這篇作品，我可以告訴你，故事的脈絡很簡單。

一頭正在發情的大象發狂了，殺死一個苦力。但是，當歐威爾在群眾的取笑與煽動下迅速抵達現場，這頭平靜、看起來呆呆的大象正在拔草來吃。當牠捲起沾滿土的草根，在膝蓋上拍打，設法甩掉草上的泥土時，歐威爾觀察到牠「全神貫注，渾身散發老祖母般安詳的氛圍」。儘管如此，圍觀的群眾還是迫使歐威爾用步槍射殺了大象，那把槍小到他必須一次又一次地射擊，那頭象不斷喘息，咳出一堆血。在我讀過的回憶錄中，這是自我指控意味最濃的場景之一。

當我扣扳機時，沒聽到槍聲，也沒感覺到後座力——在子彈射中的瞬間，你是感覺不到——但我聽到身後的群眾大聲喧譁了起來……某種神祕、可怕的的改變籠罩了大象。

牠既沒有走動，也沒有跌倒，但牠全身的線條都起了變化。牠看起來突然被擊垮，彷彿乾癟縮水了一般，瞬間變得無比衰老……牠膝蓋一軟，跪倒在地，口水流個不停。

當時歐威爾一方面厭惡自己在英屬印度殖民地扮演的角色，另一方面則是對於那些憎恨他警察身分的緬甸人感到憤怒，於是他內在產生了分裂——正是他身上這種變化，塑造了這個故事。正如他在接近尾聲時說道：「一旦戴上面具，你的臉就會跟面具愈來愈契合。」他的結語對自己毫不留情，最後他諷刺地說，他很慶幸大象殺死了苦力，「這樣一來，就給了我合法射殺大象的理由，」他還補上一句：「其實我這麼做，只是不想看起來像個傻瓜而已。」

可以嘗試想像一下，如果歐威爾在寫這篇故事時，只是個同情緬甸人的作家，那麼他所寫的故事將不再具有情感力量。他會成為一個自私的人，忙著為自己行徑辯護。一旦讀者發現文中出現虛榮自負或自利的傾向，某種程度的不信任就會干擾閱讀的體驗。就我所知，**幾乎每一本文學性回憶錄，作家的內在掙扎都成為故事的動力引擎**。歐威爾用描寫的力量把讀者的情緒和參與故事的人扭在一起了，包括大象、人群，以及那個不諳世事、迷失在恐懼與驕傲中的年輕警察。沒錯，大象具體呈現人類與大自然的老派對決，這帶給許多出色的小說豐厚的力量，但它同時也反映出歐威爾的內在鬥爭。

第十章 尋找你天賦的本質

最重要的是，不要對自己說謊。
一個人如果騙自己，聽信自己的謊言，
終有一天會無法明辨內心或周遭的真相，
同時也失去對自己的敬重。
而若缺少敬重，他便會停止愛人。

——杜斯妥也夫斯基（Fyodor Dostoevsky）

我經常發現學生下筆時，在前幾頁就展現出與自己實際本質相反的個性。才華洋溢的年輕詩人不想提及讓她熱愛的詩歌，因為覺得那太「女孩子氣」，但她本來就是個脆弱敏感的女孩。超級天才非要假裝自己是工人階級的英雄。我認識一位個性甜美的孩子，卻寫了一本反社會的磚頭書。為了幫學生找出自己的盲點，我常會提出下列問題：

1. **人們通常喜歡和不喜歡你什麼**？你應該在字裡行間反映出這兩者。

2. **你希望別人如何看待你**？你以何種方式偽裝成另一個人？（順便一提，戀人／家人生氣時對你吼叫的話，正好替你回答了這個問題。）

3. **你能不能找到任何語言上的徵兆，提醒你正在裝腔作勢**？我認識一個孩子，每次他想要表現自己有多酷，就會開始引用重金屬樂隊的話。至於我，則會開始滿口哲學概念。

我想，任何讀者都可以回答這些問題：

1. 我的朋友通常喜歡我，因為我溫柔體貼、直率、說話一針見血，充滿好奇心。我超級忠誠，而且笑聲宏亮。

2.至於不喜歡我的人，是因為我情緒激動，經常越界——有時候是無心之過，有時只是惡作劇。我的性格傾向黑暗。我覺得在派對上閒聊很無聊，沒有意義，而在婚禮上，我寧願跳舞，勝過聊天。我有點厭世。我會因為工作忙碌而取消午餐約會。

3.我喜歡自己看起來酷酷的，是個喜怒不形於色的知識份子。我在家中扮演的角色是感受者，所以我一開始很排斥去感受自己文字，覺得這麼做有點突兀且愚蠢。但是，當我遠離情感流露的片刻或故事，我也放棄了自己最擅長的東西。

4.當我開始離題，對自己一無所知的主題誇誇其談。

簡而言之：你想如何呈現自己？一本歷久不衰的回憶錄的作者，往往都能設法超越最初的防禦，從過去挖出虛假的自我，在那裡，更真實的自我正等著現身述說更複雜的故事。

第十一章 幻想家湯婷婷

我們不只透過理性得知真相，也從心中得知。

——布萊士・帕斯卡（Blaise Pascal），《沉思錄》（*Pensées*）

湯婷婷奇特且超然出塵的幻視（vision），對於型塑今日回憶錄文體，有很大的影響力，而她於一九七五年出版的《女勇士》至今依然在許多大學書店與圖書館的書架上屹立不搖。儘管已經在課堂上教授她的著作三十年了，看到我的學生對她的著迷程度，仍然讓我驚歎不已。她的兩大才能反映出這個故事的衝突——一面是她渴望真相、女權主義、美國化的自我，另一面則是她母親中國傳統專制的婦女觀念，要求女子端莊謙遜，兩股力量互相衝擊。

從書中第一篇開始，作者就洩漏了她母親的一個秘密，那祕密萌生於古老文化價值觀，決定了女性應該如何立足於世——主要是以卑微的微笑面對糟糕的處境。「養鵝比養女兒好」是其中一種人生智慧，而殺死女嬰是大家普遍接受的做法。所以，作者用那張受過美國教育的嘴，喋喋不休地對抗她母親的傳統觀念：女子生來就要謙遜，舉止端莊，對家族忠誠——她的鬥爭貫穿整本書。這本書以兩條線做為開場白：母親的勸誡，以及女兒——如何透過報導出這段勸誡這樣的行為——背棄承諾。透過精妙的語法，母女倆開始同一張嘴說話：

> 「接下來我要告訴你的話，你不能告訴別人。」我的母親說。你父親在中國有過一個妹妹，她跳進家裡的井自殺了。我們說，你父親只有兄弟，沒有姊妹，那是因為她彷彿從未誕生過。

這個無名的姑姑在投井前，大著肚子出現在田野間，但她丈夫已離家多年，不可能是孩子的爸爸。村民發動了一場失去理智的凶猛攻擊，洗掠家宅，偷走米糧，屠宰牲畜，以此懲罰姑姑和這個恥辱的家庭。那一夜，姑姑在豬寮產下私生子；到了早上，家人發現她和孩子「堵住了家裡的井」。

母親陳述這件事情的當下，正逢湯婷婷月經初潮，已經到了會帶來恥辱的年紀，於是，她母親藉由姑姑的故事，警告年輕的作者遠離性愛，克制欲望，能不要開口說話最好。遭到遺忘，等同於墮入與家人永隔的無盡地獄。被遺忘的祖先會化為「餓鬼」，因為沒人記得他們，也就沒人拿食物祭拜他們。

湯婷婷的原創性有部分源自她在形式與內容上詩意的結合：兩種文化在年輕傳述者的內心發生衝突，而形成這本書的風格——在現實與幻想之間轉換自如。她違背了中國女性沉默的傳統，洩漏家族祕密，表現出對真相的渴望，這種行為讓她幾乎和那可恥的姑姑一樣危險。她採用母親以寓言或故事說教的方式，想像已逝姑姑可能的模樣。湯婷婷明確表示，自己並非在調查事實，而是在推想各種戲劇化的可能性。起初，她把溺斃的姑姑想像成慘遭強暴的受害者，在田野受到攻擊，羞於投訴。或者，可能是家族裡哪個親人強暴了她。湯婷婷也把她塑造成罪人：一個內心空虛、害了相思病的放蕩女人，「一個老是與人交歡的狂野女子」。

湯婷婷將姑姑從湮沒無聞的處境中拯救出來，同時也救了自己，掙脫中國古老傳統的限制。

我獨自燒了些紙錢給她，雖然沒有紙紮的房子和衣服。我不覺得她會對我抱著善意。我揭露了她的故事，而且她是帶著怨念投井自殺。中國人總是害怕淹死的人，他們會化為哭泣的水鬼，溼漉漉的頭髮下垂，皮膚浮腫，在水邊靜靜等待，準備把另一個人拉下水當替死鬼。

後來，進入青春期的湯婷婷努力把自己變成「美國女性」：驕傲自信，挺著胸膛，露出腳趾，不像「中國女人」那樣謙卑安靜，老是彎著腰，裹著腳。

在中國，危險來自祖先；在美國，則是來自小孩——他們繼承了鬼魂的罪孽，臃腫且飢餓。

她長大之後，變成一個任性而為、不服管教的女兒，還成了學校的惡霸，逼迫害羞的同學開口說話。

湯婷婷這一系列令人毛骨悚然的幻想，和她媽媽的鬼故事如出一轍。當時書評將《女勇士》的段落和後來新興的「拉丁美洲魔幻寫實文學」相比，例如加布爾・賈西亞・馬奎斯（Gabriel García Márquez）的作品，結果認為湯婷婷的作品比魔幻寫實文學更超自然。面對危險時，她媽媽可以幻化成一條龍：「她張開龍爪，迅速翻開閃亮的紅色鱗片。」她飛上雲霄。

可以把這種變形和馬奎斯的寫作手法相比較一番。馬奎斯在《百年孤寂》（*One Hundred Years of Solitude*）中描寫的場景是以現實為基礎，書中一開始提到的「神奇」科學發明其實是可以解釋的，比方說，在熱帶地區出現的冰，或拿著磁鐵沿街走過去，磁力強到可以吸出房子的釘子。在馬奎斯的世界，死人的假牙在漱口杯中開出黃色的花，而蝴蝶出現在美貌的女子面前。「超現實？」馬奎斯曾打趣道，「那就是南美洲的生活方式。」他讓這些神奇的事變得可信，然後，一步一步，引領讀者進入魔幻世界。

湯婷婷的書感覺更加如夢似幻，也更大膽地挑戰讀者的輕信尺度。她從實際可能發生的事件開始，然後，你終究必須一頭栽入著了魔的村莊體制，在那裡，「幽靈在活人之間閃閃發光」。不過，既然作者在加州度過的童年都得和那個古老世界的神祕束縛角力，那麼鬼魂就成為表現她內在戲劇最真實的方式。她不知道該相信什麼，什麼又是毫無根據的鬼故事。她的家人其實叫他們的美國鄰居「鬼子」；這是一種家族的智慧，身為移民的下一代，這種鬼魂文化折磨著她，於是她的父母對她隱瞞很多事。

有時候，我恨鬼不准我們說話；有時候，我也恨中國人保守祕密。「別告訴別人。」我的父母這麼說，儘管我們不曉得自己想不想說，因為我們什麼都不知道。他們不會告訴我們這些孩子，因為我們出生在鬼魂之間，受到鬼魂教導，自己就像鬼魂一樣。

他們舉行神祕的儀式，卻從未談論過。晚餐時，「媽媽會在杯子裡倒些施格蘭七皇冠威士忌，然後過一會兒，又倒回瓶子裡。從未解釋。」

諷刺的是，湯婷婷在習得她母親的幻想技巧的同時，也承襲了一種似真似假的謹言形式。正因為如此，家族的祕密以某種方式得到了守護；這本書打造了一個放蕩的世界，現實與虛構之間的界線模糊不清。

若換成其他作家的書，這種變幻莫測的異想天開，只會讓人怨恨或厭煩，最終離題或淪為裝飾。我自己也曾試圖運用湯婷婷的方法，以巫靈與占卜的內容欺騙讀者，結果幾乎馬上就聽到讀者說：「回歸真實的故事吧！」但湯婷婷剖析了她的文化源頭與背景。當她解釋這種幻想如何在她的家庭成為現實，我們接受這種神祕的瞬間完全是自然現象，就像下面這段關於露天電影院之旅的描寫，比小說還離奇：

隔壁那個女人一度喋喋不休，為我們這些孩子介紹「露天電影」，其餘時候則緊閉嘴巴。然後，我們會看到她的身體發出炙熱的銀光，在我們眼前凝結成形……她先生把擴音器扔出窗外，迅速開車回家。

這個女孩實際目睹憤怒的幽靈從一個女人的身體浮現。鮮少作家可以駕馭這種寫作手法——感覺太刻意了。但在湯婷婷的筆下，幽靈的出現如此「真實」，因為她所打造的世界正是這樣運作的。

她將鄰里間一個關於屍橫片野的傳聞，安置在一個真實存在的地點。一旦你接受了這個奇異的前提，想必很快就會相信當地女巫說的話了。

眾所周知，人們踏上流浪的路徑（通往沼澤），撥開莖葉就會找到屍體——遊民、自殺的中國人、幼兒……那些孩子說（這個瘋女人）是女巫，會行使巫術，如果她抓到我們，就會極其殘忍地讓人沸騰起泡、四分五裂和變形。「她會碰你的肩膀，然後你就不再是你了。你會變成一塊玻璃，對著人行道上的人閃閃發光。」她騎著掃帚來到沼澤，一邊臉頰擦上紅色的粉，另一邊則擦上白色的粉。她的頭髮挺直，乾燥的頭髮側梳成一團，即使年紀大了，仍是一頭黑髮。她戴著尖帽，披著斗篷和披肩，毛衣像斗篷一樣直拉到喉嚨，衣袖則像香腸皮向後翻飛。

她一開始先描寫可怕的場景，好幾具屍體倒在香蒲之間。然後，她轉向謠言——孩子們說她會讓你變身。接著她開啟虛構的模式。

雖說是虛構的，卻能道出其他方式無法言明的真理。在這個對美國讀者而言顯得太過遮蔽的文化中，神話傳說可以做為一種拐彎抹角的坦白方式。一旦湯婷婷告訴你如何閱讀她的故事，你就不會在乎你究竟置身神話世界，還是活在現實中了。因為一部分的你已經屈服於她的手段了。在閱讀整本書的過程中，你在兩個世界來去自如。

有些場景如此完美地切合主題，從現實來看卻異乎尋常，儘管這些事也有可能是真的，但讀者還是會抱以懷疑。湯婷婷聲稱，她剛上美國的學校時一句話也不說，而且智商測驗判定她是「低智商」。湯婷婷的沉默代表無法在學校立足，她媽媽為了治療女兒閉口不言的毛病，拿了一把剪刀伸進她的嘴裡挑開舌筋，藉此「釋放她的舌頭」，讓她開口說話。這起事件鉅細靡遺的細節，讓人不免覺得真有其事，但它和書中有關女性緘默的主題完美切合，似乎又暗示了這是一則虛構的神話傳說。

雖然我在自己的第一本書中沒能直接複製湯婷婷的寫作手法，但正是透過研究她的作品，讓我有勇氣在書中使用那些我從父親和他的賭友那裡聽來的荒誕不經的德州傳說。有個人坐在貨車車廂裡，沿途冷得要命，他發現一個毛茸茸的冰冷物體從他的褲腿滾出來，用煎鍋解凍，還會發出放屁的聲音。但這種笑話從我口中說出來，不過就是一個笑話而已。沒人會相信。但湯婷婷筆下那些神祕女劍客，不知何故都成為鮮活的生命。

一個作家本身的真相——比方說，湯婷婷偏好寓言——就像沉重的屍體一樣，自有方法在字裡行間浮現。你最好從一開始就把讀者帶到沼澤裡的墓地。

早在一九七〇年代，湯婷婷就背棄了華人傳統的「沉默文化」，在寫作中交織運用中國神話與古代文獻，鋪展成一道現代景觀。這是一種女權主義的行為，為了讓自己與家族女性擺脫沉默不語和沒沒無聞的命運，擺脫積壓數千年的厭女症，不再受到相同的打壓。雖然這本書成為暢銷書且備受好評，但湯婷婷仍常常在亞洲男作家所寫的書評中遭到指責。趙健秀（Frank Chin）譴責她和我的朋友譚恩美（Amy Tan）等作家在自己的作品中重申白人的刻板印象。譚恩美最近針對趙健秀的攻擊表示：「說被大眾讀者排斥，那是他所認定的真實；而成為主流讀物，必然意味著已經銷售一空。」

儘管趙健秀看似公正地砲轟不平等的問題，而我對此沒有說話的權力，但我必須捍衛湯婷婷的權利，她有權隨心所欲地描寫她自己的中國少女時代，無須事先受到男性思想警察審核。譚恩美這樣說道：「當然，你可以建立毫無瑕疵的道德標準或政治標準，這麼做是為了將種族呈現在書頁上，亦即所謂的『宣傳』。」為了刪除文化的敏感部分，宣傳會試圖摧毀藝術。過去更加性別歧視的環境早已漸漸消失，湯婷婷的《女勇士》卻依然存在，贏得幾代人的狂熱著迷。這是永恆紀念碑，代表回憶錄有各種可能性。

第十二章 與所愛之人打交道（書內書外）

家人的存在是為了見證彼此的失望。

——蘿拉．席勒曼（Laura Sillerman）*

不同作者之間差異有多大，他們與家人和朋友相處方式的差別就有多大。一端是願意進行訪談且幾乎百分之百配合的回憶錄作者——大多為女性。凱羅琳．西就曾聽從家人的建議，重寫自傳《浮生一夢》。另一端則是有足夠膽量置若罔聞的人——根據我的經驗，

* 譯注：美國自然歷史博物館教育委員。

他們全是男性；法蘭克．康洛伊宣稱自己在毫不在乎家族眼光的情況下完成了《斷線》。「就算他們不認同，我也不會改一個字。」我的朋友傑瑞．史塔爾（Jerry Stahl）曾說：「假如你被迫經歷某些事，你就有權把它寫下來。」他在《永恆午夜》裡挑戰了家族歷史，將他父親的死重新認定為自殺。

這種性別差異其實不無道理。男人可以藉由反抗自己的父母而成為真男人，憤怒的年輕搖滾樂手偷車或反抗家長都是典型的特徵，希臘神話英雄伊底帕斯甚至弒父娶母。但是，要一個女人教訓自己的母親是不太可能的。據說露西．葛雷利十幾歲的時候被家人丟在英國，孤單地接受痛苦的癌症治療，但她在《一張臉的自傳》（*Autobiography of a Face*）中並沒有解釋原因。我曾詢問過她這件事情，對此她回應道，「女性是氏族傳統的知識庫，而家族關係安定與否是衡量女性風範的標準。翻出家醜幾乎等同於將女人雄性化。」當然我們會彼此八卦和追問故事的行為，已經讓我們許多男性家人嚇得半死。但露西認為，把這些八卦發表出版會更糟糕。

傑佛瑞．沃爾夫的《欺詐公爵》出版後，他那一絲不苟的母親造受惡意書評謾罵，他對此懊悔不已。「在那之後，」他告訴我，「看得出來她巴不得那本書從來不曾存在過。」而且還特別警告我遠離電視談話節目，所有複雜的家族問題在那裡都會變成被扭曲的收視率保證：

你把世界上最愛的人們變成故事裡的人物，然後你對整個劇情失去控制……迪克．卡維（Dick Cavett）*覺得我的人生滑稽可笑。

然而，他的兄弟托比亞斯．沃爾夫出版的書卻獲得熱烈好評。我見過他們的母親兩次——個子嬌小，髮型整理得完美無暇。我坐在他們背後，欣賞電影版的《這男孩的一生》；活潑的艾倫．芭金（Ellen Barkin）飾演母親，李奧納多．狄卡皮歐飾演托比，勞勃狄尼洛則是可怕的繼父。托比竭力要求導演剪掉一段超級激情的畫面，「我怎麼可以親眼看到這樣的東西呢」！《紐約時報》引述了傑佛瑞的話：

＊編注：美國喜劇演員。

就是這個女人，她已經被寫過一次了。火車輾過她後一路向北，而她站起身，拍掉身上的灰塵，現在這輛火車又要退回來再碾她一次。

沃爾夫女士風趣地說：「如果我早知道兩個兒子都會變成作家，我也許會換個稍微不一樣的生活方式吧。」

現在來到重要關口：我要不細述我和他人打交道時的辛苦，要不就是在此結束這一章。我稱幾位值得信賴的文學顧問為我的「廚房內閣」，他們曾勸我不要在這個議題花時間談我的經歷。也許任何作家在簡短的訪談之外瞎扯自己的工作，都會使她看起來像個汽車銷售員；或者更糟，彷彿把自己吹捧成專家似的。相信我，我不是那種人——沒有人可以成為這種事情的專家，因為這太過於私人了。然而，我對其他作家與家人交手過程的了解，並不如對我自己的那般熟悉；若不談談自己的經歷，講得好聽點是靦腆，講得難聽點就是有意欺瞞。所以，就讓我們繼續吧。

一般來說，我與他人的交涉分成三個步驟。我會提早許多時日知會對方，給他們拒絕我的機會（目前為只還沒有人拒絕我）。我會私藏全部的原稿直到完成整本書，但在送印前，我會提早把完稿寄給每一位我提到的親友人。順帶一提，我的本性是對於不喜歡的人隻字不提，除了曾描寫過惹毛我的祖母和兩個戀童癖，**絕大部分只有愛才會驅使我提筆**。

我的第二本回憶錄出版時兒子才國中，當時他說：「我還沒準備好讀妳的書。」並堅守這個立場十餘年。我覺得這是明智之舉。知道自己的母親曾遭受性侵是一回事，閱讀整個活生生的場面就完全是另外一回事了。他喜歡把我看成是分配鬆餅的人，而不是作家。但我寫的每個故事的大致輪廓他都知道；我們的關係很親近，而且我不希望他從朋友那兒聽到家人的創傷。針對上一本書《重生之光》，我請他幫忙檢查第一章的內容，因為裡面出現他大學時代的樣子。他連一個字也沒改。我本來還想讓他父親幫忙確認文稿的準確性，但他本人更希望能以假名模糊登場。（我確實把相關篇章寄給了以前的婚姻咨詢師，只想讓她看看我寫的是否公正。）

我曾慫恿露西・葛雷利激怒她的家人，但在我開始書寫自己不太完美的親人以前，卻也像她一樣小心。作為一個離家千里遠的單身母親，我害怕惹火任何人。

開始寫《大說謊家俱樂部》前，我不停地打電話給我的母親和姊姊（父親已經過世），探探她們對這個主意的想法，並且提醒她們如果這本書幸運受到關注的話，她們可能會被公眾放大檢視。

有一部分的我希望她們可以打消我的念頭。哪怕我再怎麼熱愛回憶錄這種文體，這項寫作計畫的未來仍使我充滿了恐懼。我有種非寫不可的衝動，但當我意識到這件事有多麼容易出差錯時，又讓我害怕的直冒冷汗。真實的情況是，我需要一筆錢解燃眉之急，畢竟雪城冬季寒冷，不能沒有汽車，而為了照顧孩子，我也無法在暑期開班授課來多賺一筆。

也許我母親和姊姊之所以能如此輕鬆面對這本書，是因為他們已經習慣我在小刊物發表詩作，但那些刊物的讀者人數不超過二位數。而我心裡明白，我在紐約的出版商期望的可是一本全球暢銷書。

家人的泰然自若反而更令我煩惱。我姊姊說，「誰在乎啊？」我母親說，「妳就一吐為快吧。」她們倆是很棒的讀者，過去幾十年我經常送她們回憶錄，所以很清楚我的目標是刻劃有血有肉的人物，不是一本「燒滅一切」的自白書。

但話說回來，我們家還真的擦槍走火過。有次，母親被問到為什麼廚房磁磚上會有一個彈孔，她簡潔地回答道，「他搬走了」；而且那不是家中唯一的一次槍擊事件。當修磁磚的工人指著牆上的彈孔時，姊姊諷刺地對母親說：「那不是妳對爸開槍的地方嗎？」母親馬上反駁，「才怪，我是對賴瑞開槍。射你爸的地方在另外一邊。」

（我想你現在應該明白為什麼回憶錄這種形式適合我。當身邊有這麼好的人物素材，哪裡還需要憑空捏造？）

然而，酒精與槍支並不是故事的全部。生活裡也有救贖，這多虧了母親在六十歲後成功戒酒（幾年後也成為我仿效的模範）。戒酒並不能復原破爛不堪的過去，卻能有效止血。此外，挖出母親長年深耕的謊言，促使我們變成再親密不過的家人。

我的家人都期待著看到一幅充滿愛意的圖像這這件事，讓我開心得不得了。我們其實已經花了幾十年談論書中敘述的事件，早就為這本書打好了基礎——我的治療師（們）也一直鼓勵我進行那些對話。儘管如此，我的家人似乎尚未理解這當中的許多可能；或許他們無敵的否認系統又再次運作了。

所以，我在聖誕節期間回家，花幾天時間調整那些我擔心會讓她們丟臉的細節。「還記得當時妳拿著廚刀在我們面前揮舞，縱火燒玩具，然後被帶走嗎？」

「噢，拜託，」母親回道。「整個鎮都知道啊。」

像我這樣的回憶錄作家真是幸運，擁有一個狂野的母親：「我要是在意別人的眼光，早就天天烤餅乾，出席家長會了。」她曾大鬧超市，掀翻貨架上的商品。此外，她是個肖像畫家，曾在紐約受過嚴格訓練，所以了解視線及感覺如何塑造現實。她知道我的敘述會把讀者安置在主觀的現實裡，而非偽裝的絕對權威之中。

就某些方面而言，我的姊姊算是循規蹈矩，但常常表現出吊兒啷噹，但又帶點個性。

她是一名地方保險員，像水手一樣罵髒話，舉止像個流氓。可是，她總是比我們更加守規矩——家裡總得有個這樣的人才好吧，我猜。她曾經天真到興高采烈地說：「我用不著去做心理治療，因為妳替我去啦。」她還是扶輪社和婦女共濟會的成員，即使是一九七〇年代，她穿的牛仔褲都還有軍服燙線。她第一任丈夫被我們稱為「大米男爵」（Rice Baron），她和那個傢伙在一起時，會禁止我穿二手衣到他們的鄉村俱樂部，「我在自家院子裡都不會那樣穿。」

我是左派，她是極右派；我是波希米亞獨行俠，她是南部的生意人，手上的聖誕卡片名單高達好幾百人。不過，不管我們成年後分化得有多嚴重，她曾是我童年的英雄，在書裡也依舊如此。

在德州待了幾天後，我提起書裡唯一會出現的「新聞」，而且真的與她們無關——就是只有我自己知道的兩次童年時期的性侵。我吐露心事的那個早晨，這則消息就如我預料中的那樣，掀起一陣稍縱即逝的漣漪。我的母親多少算是憤怒地說了一句：「那些王八蛋」。

接著，經過一陣短暫的沈默後，雷西亞拿起了錢包說：「我現在真想去吃點墨西哥菜。」午餐時，雷西亞談到某次有個男人想強暴她，然後她如何用全身力量把對方打倒。

有關於此的對話就此結束。直到我離開的前一晚，一位雷西亞在生意上結識的人來訪，我完全不認識對方，而他想跟我聊聊關於性侵的事。事前雷西亞已經告訴過他整個來龍去脈，而他提問的重點——「妳有被插入嗎？」——令人感覺是無情的好色。但我很明白，假如我想寫回憶錄，最好早點習慣這種事。你不能報名去玩橄欖球，然後被打到了就抱怨。

寫書的兩年半時間裡，我沒把稿子給其他人看過，但偶爾會打電話給母親確認某項事實——通常是某個日期，或者是試探她對公開某些細節有什麼感受。上帝保佑，她從未表現出一絲反感。

至於我處理各種不同詮釋的方式，也許並不適用於每個人。如果某人的觀點完全跟我相反，我會順帶提上一筆，但從不覺得自己有義務非得呈現它不可。比方說，我的金髮姊姊崇拜我們漂亮的祖母，祖母也很喜歡雷西亞的金髮。我直接了當地表現出自己對這位老太婆的鄙視（她覺得深色頭髮讓我看起來像墨西哥人——一個禍害），但還是在書中描寫姊姊如何跟她一起梭編蕾絲，這多少有些巴結討好的意味。我還提到祖母五十多歲時因為癌症而不久於人世，絕症讓人沒有好性情，而她腦子裡如葡萄柚大的腫瘤，無疑會使她的性情乖戾。我懷疑，不管在什麼情況下，讀者都不會接受我對祖母的憎恨合乎情理或公平，但那純粹是我的看法。以下是另一段比較節制的情節：

雷西亞說我開始尖叫，而我的尖叫聲導致母親急轉彎……（假如是雷西亞寫這本回憶錄，我只會以下列三種形象出現：歇斯底里地啜泣，以故意製造麻煩的方式尿褲子，或者咬人——通常是咬她。）

簡言之，我會盡力展現出我的偏見，同時表明可能有其他看法存在。

原稿完成後，我買機票讓母親飛到雪城，她坐在後門廊上一頁頁地讀，時不時地大叫：「我當時真是個混蛋！」這話一方面讓我心碎，但是（我必須承認）另一方面也令我滿足。末了，她說了一句觸動我內心深處的話：「我以前不曉得妳的感受是這樣。」

我也在科羅拉多跟雷西亞碰面，展開我們所謂的「虐帶兒童之旅」。我一邊開車兜轉兒時夢魘場地，她一邊翻閱稿子，反覆確認一些實體細節。她如此狼吞虎嚥地讀完原稿的樣子令我震驚。「妳到底怎麼記得這些鬼東西的？」她主動打電話給我的編輯，對書稿讚不絕口，並為書中的事實背書，就像我母親一樣。

但在正式出版的幾個月前，雷西亞突然堅決地表示她的憤怒，並不再跟我說話。雖然這是蠻常見的現象，卻依舊令我受挫。不過，我後來也看開了，對任何讀者來說她都會是一名英雄，只要書一出版，她就會回心轉意的。

後來，一位作家朋友想出一個辦法，建議我可以把書改為小說，剔除她的部份，讓我在書中成為獨生女。不出所料，我母親果然把這個構想告知我姊姊，不久，出版社的律師告訴我他們接到我姊姊的電話，說她再次擁護書稿的正確性。最後，她還在後車廂賣書，而且自誇到不行。

我還能夠老實地說，不知何故，出版這些故事使我們從過去的恥辱中獲得釋放。我那美麗、無法無天的七十歲老母，收到好幾個陌生人的求婚；每一篇書評都宣稱我姊姊為勇者；還有人說我那酗酒的父親如何成為他們最喜愛的家長典型。

在我的家鄉，這些醜陋的事實街坊早習以為常，但把全部醜聞公諸於世卻有點不同，似乎讓我們更加解脫。你可以把它叫做「厭惡療法」：我們似乎共同跨越了母親隱瞞真實身份超過半世紀的謊言。當她在我們地方圖書館舉辦簽書會時，足足有五百多人到場，包括過去的男伴們、遙遠的表親、以及我國小一年級的導師。就某種意義上而言，我母親和姊姊成為關注焦點的那一天，比我得到任何好評都更有意義，那是一次真正的人生亮點。我覺得，那天也焚盡了舊日恥辱的氣息。

這個現象與我從湯婷婷那聽來的、也是我最欣賞的關於和解的故事相呼應。湯老太太無法相信，湯婷婷能把自己從沒居住過的小村莊，刻畫得如此生動逼真。後來，當湯婷婷為讓父親方便閱讀而出版《中國佬》（*China Men*）中譯本，湯老先生邊讀邊在書邊的空白處寫詩。中文書的書邊留白特別寬，以供批注點評，這也是昔日儒家傳統的一部分。當湯婷婷在書中抱怨中國人如何貶低女兒身時，湯老先生就在一旁題詩讚揚女性的平等。這些詩是湯老先生離開中國後的第一次寫作，他在美國經營洗衣店，而湯婷婷的母親則繡字維持家計。

我並沒有告訴父親，我把寫有他評語的書籍捐給了加州大學的圖書館。校方舉辦了一場派對，並將父親的札記展示在玻璃櫃裡。他整晚都站在那前面，大聲地說：「這我寫的！」好讓圍觀的人全聽得見。

我把書稿寄給好幾十位朋友、心理醫生和熟人，無人表示異議。也許是他們的慷慨大度，更甚於我書寫的準確性，因此我認為自己是幸運多過專業。

以下記錄了我與其他人打交道的守則：

1. **提早很久告知相關人物，詳細說明可能會讓他們產生顧慮的內容。**到目前為止，還沒有人因此而退縮。

2. **不管再怎麼難以忍受，都不要在寫作過程中給任何人看你的手稿。**你要讓他們讀精心琢磨後的最棒成果。

3. 就像小休伯．塞爾比（Hubert Selby）告訴傑瑞．史塔爾的那樣：「**如果你在寫的是你討厭的人，記得用最深的愛去寫。**」

4. 延續上一點：**我從不帶著權威的口吻，來敘述人們有何感受，或他們的動機是什麼。**我可能用猜的，但我總會讓讀者明白那是我的臆測。我持續專注於自己的內心。

5. 假如某人對於發生的事情，抱持著與我**完全相反的意見，我會順帶提上一筆，但不覺得有義務要完整呈現。**

6. **不要用專業術語來形容一個人，既缺乏尊重，也是糟糕的寫作。**我從不曾稱我父母親為酗酒者；我只有描述自己把伏特加倒入水槽裡。你如何接收訊息，就如何傳遞出去。

7. **讓你的朋友們選擇自己的假名。**

8. 在整個寫作過程當中，要**隨時思量你自己的觀點是否有錯誤**，尤其是那些刻薄的觀點。隨機修正。

9. 當你將最親密的親友與極敏感的題材湊在一起後，你最好**在他們閱讀可能會讓他們很痛苦的篇章時，與他們同在**（在同一棟房子或城鎮，也許別在同個房間）。

10. **我會把任何一個人極力否認的內容刪除**。然而，以我的家庭來說，全部糟糕透頂的事情老早在我下筆寫第一本書以前，就已經全盤托出了。

11. **讓筆者明瞭你的想法有多麼主觀**。就某種程度來說，這是你對書寫對象的一種尊重，因為他們也許不同意你的觀點。

第十三章 關於信息、事實和數據

最有趣的信息都是從孩子的嘴裡說出來的，因為他們說出自己所知道的一切後，就打住了。

——馬克．吐溫（Mark Twain）

大多數回憶錄的前幾章都寫滿了事實。事實就像寫作的肉塊和馬鈴薯，是構成主餐的必需品，卻少了內在的滋味。沒有讀者會為了通透某人生命中那些冷冰冰的資料而購買回憶錄，除非那個人是名人。很多回憶錄作者都會對信息密集的首章望而怯步，思索該如何把全部的背景信息擠進去，同時又不會使頁面讀起來像洗髮精瓶罐上的成份表。資訊化寫作的重點在於敘述，而不是展示；有些作者即使是在交代事實，也能以絕妙的文句令人神魂顛倒。但在**絕大多數的情況下，信息都是優秀作家的天敵**；它會把讀者猛拉出故事場景，遠離戲劇性和生活經歷，讓他們無從觀看事件並進行解讀。被灌輸乏味的資訊，就像在聽女教師訓話一樣令人難受。

話雖如此，下列這些數據卻仍有必要擠進去：

——那時我十四歲，身高二百一十三公分。
——那場戰爭的損失提高了十倍，但高層指揮官卻否認我們正節節敗退。
——乾旱延續了七年，導致整個家破產。
——他父親是銀行家，母親是家庭主婦。

有些信息暗藏著高潮迭起或心理議題，會引發讀者天生的好奇心，以及想要一探究竟的欲望，例如：

一九六八年，他用史密斯威森手槍斃了自己。

功力高強的作家們會把事實包裝成類似的心理議題，或者將訊息感官化後拋出去，好讓讀者可以在具體層面進行想像和投入其中。閱讀這種書，你通常不會注意到自己被灌輸了一連串的事實；像是撒入字裡行間的胡椒粉——需要的時候你就找得到，其他時候則隱而不見。

我自己在打草稿的時候，都是從整理信息開始，接著會試著把那些信息成群趕出我的腦袋，轉成一個記憶中或正在發生的場景。我經常會問自己是如何形成一種判斷。接著，與其呈現一個抽象的判斷（「她是個賊」），我更願意重塑我得出這個判斷的經過。因此，「她是個賊」，就變成「我盯著電腦巨大的綠色螢幕，裡面安置著販賣我鑽石手鍊的網站，角落寫著莉蒂亞的電子信箱。」

也許，你會覺得有些數據應該是脫口而出的，例如年份。但是，你最好用「在那年夏天的一則電視新聞上，我看到總統站在白宮草坪上的直升機前宣布辭職」，這種比較迷人的方式，為讀者點出時間背景是「尼克森執政時代」。

作家們還有一個比較粗略的方式可以綁定特徵，就是利用T恤上的標語和帶有商標名字的衣物，但我會鼓勵自己的學生們多努力超越這個技巧，試著在一個人做過的事情中，找到奇特且引人注目的標誌性事件，而不是直接貼上一個只在當今有意義，五十年後就不再有效的標籤。

再來談談關於敘述者年齡和身材的數據這個例子。「站在橘色藍框下的我，是當時唯一一個舉起長臂猿般胳膊就能觸到籃網的大一新生。」這個句子說明了年齡、身材及籃球實力，並且能激起想像力。「我試著把身體擠進全新的校隊夾克裡，卻藏不住骨頭突出的手腕。」第二句添加了一個心理要素——自我意識。

在《安琪拉的灰燼》一書中，法蘭克．麥考特並沒有直接形容他父親的體型，而是提及懸賞他父親頭顱的價格，讓一個孩子不停思索自己父親的腦袋被定價這件事。

〔我父親〕曾為老愛爾蘭共和軍打過仗，因為某個鋌而走險的行為淪為逃兵，被重金懸賞緝拿他的頭。

我小時候會看著父親——稀疏的頭髮、鬆動的牙齒，心想怎會有人肯出錢買這樣一顆頭顱。我十三歲的時候，從祖母那兒知道了一個祕密：你可憐的父親小時候曾一頭倒栽撞在地上。那是一次意外。從此以後他就變得不一樣了，而且你一定要記住，摔過腦袋的人都有點古怪。

麥考特有一種天賦，可以把機智妙語裝進一個孩子的思維裡，代表書中父親的腦袋，是做為端出其他更戲劇性訊息的契機。他藉由祖母的話告訴我們，自己是如何得知他父親的頭曾經撞到地板；又以此做為日後家庭面臨種種災難的伏筆，既能鎖定劇情效果，又能刺激讀者的好奇。在整個過程中，麥考特還以感官化的方式，為我們繪製了他父親的身形。

喬治．歐威爾那本感人至深的著作《向加泰隆尼亞致敬》是一部描寫西班牙內戰的回憶錄，同樣以細緻的手法遞出關鍵訊息。與其用政治派系及革命階層的內部鬥爭拉開序幕，他把焦點放在他與一名獨行的義大利自由戰士的相遇。對於這名青年的描述，將這本書定位為一首讚歌，表揚對抗法西斯主義、與奧威爾並肩作戰的農民。書中這類形象有幾十個，他是其中之一，下列文字解釋了他前來此地的原因：

青年有張堅毅的臉孔，約二十五、六歲，紅金色的頭髮，肩膀寬碩有力。他將遮簷帽使勁拉低，遮住了一隻眼睛。他站在那，側對著我，下巴抵著胸口，皺著眉頭，困惑地盯著軍官攤在桌上的地圖。那張面孔莫名地深深撼動了我。擁有這樣一張面孔的男人，會為了朋友殺人，甚至犧牲自己的生命——你可能會在無政府主義者身上看到這種面孔，但他也有可能是個共產主義者。……當我們向外走去時，他從房間的另一頭走過來，緊緊抓住我的手。太奇怪了，人們竟然會對一位陌生人有如此深厚的感情！彷彿他和我的靈魂在瞬間跨越了語言與傳統的鴻溝，在全然的親密中交會。我希望他喜歡我，就像我喜歡他一樣。

透過猜測這名青年是無政府主義者或共產主義者，奧威爾向我們透露左派階層內的意見分歧，同時免去冗長的政治論述所帶來的無聊。他知道自己必須先讓我們關注到人，於是先分享一個促使他開始關心的片段。奧威爾之所以天賦異稟，在於他相信既然這個微小而奇異的瞬間可以深深觸動他，那麼只要真誠地將這片段呈現出來，也一定能打動讀者。

每一本優秀的回憶錄中，作者都會努力與讀者的現狀接軌，透過實際經歷的感受轉達信息，無論是用高明的語文形式（如麥考特）或生動場景（如奧威爾），最後都反映出作者內在的價值觀與關注點。

第十四章 與裝腔作勢的自我鬥爭

「瘋子跟正常人的差別在於，」勇蘭向孩子們解釋道。「正常人可以說很多種故事。瘋子只有一個故事，不停重複地說。」

——湯婷婷，《女勇士》

我在別處曾詳細交代過，我花了十五年的時間胡亂寫作——先是詩詞，後是小說，然後才找到適合自己的語調，道出我的童年故事。在那之前，我在頁面上躲避讀者，粉飾任何關於我家人的情感真相，想藉此洗滌我們的過去，並重新把我自己塑造成一個更聰明、敏捷、風趣的人。

在我成長的那個年代，文學向來屬於冷靜、謙遜、受過高等教育的白人。而我則是一個徹頭徹尾的藍領階級，當過運送龍蝦的卡車司機、服務生、成衣工廠的裁縫，還是個經歷曲折的輟學生。在我出生的那一區，我敢打賭自己是地方圖書館最忠誠的《紐約客》讀者。約翰．齊弗（John Cheever）筆下東海岸名紳淑女的故事，以及他們享受純威士忌的姿態深得我心；他們有游泳池，把「夏天」當作動詞，而我也想聽起來跟他們一樣。但事實上，真正引起我共鳴的著作，卻出自像瑪雅．安吉羅的非白人作家。一九七一年第一次讀到安吉羅的作品，帶來的震撼不只是：「妳竟然可以寫這個？」還有：「妳竟然可以寫出我們的事？」。雖然她出生在黑人家庭，而我則生於白人家庭，但比起齊弗、沙林傑（J. D. Salinger）和費茲傑羅書裡那些領口打著四手結、乘坐高爾夫球車、趕著去看耶魯大學橄欖球賽的人物，我更認同她的世界觀。

在我短暫的大學時光裡，每當我拿起筆，一股磨人的、不知名的恐懼就會籠罩我，後來才意識到那是因為我害怕流露出真實自我的關係。**一個身穿鐵皮潛水衣的人，是沒辦法跳上脫衣舞孃鋼管的。當我寫下其他東西的同時，那些非寫不可卻被我排除在外的內容卻不斷湧出**。事實上，我不斷絞盡腦汁，想找到理由證明描寫真實是不可能的。我增加心理治療的次數，並終日買醉。

二十二歲時，我沉浸在令艾略特（T. S. Eliot）著迷的法國詩人世界裡面。艾略特在我這個年紀時，已創作出《普魯弗洛克的情歌》（*Prufrock*），並在法國索邦大學（Sorbonne）攻讀哲學；跟艾略特不同，我一直把校名唸成「瘦骨」（sore bone）。另外還有一點不同，我只能閱讀那些詩人作品的翻譯本。從韓波（Arthur Rimbaud）和波特萊爾（Charles Baudelaire）的自傳當中，我試圖給自己戴上叛逆詩人的面具，穿黑色衣服，塗鮮紅色口紅，借用母親的貝雷帽。

我胡寫一些慵懶而模糊的詩，關於巴黎——一個我幾乎沒有去過的城市——以及一個被我丟在那裡、幾乎想不起的男人。我年輕時寫的詩文，經常引用經典來點綴，而那些被我引用的作家，我幾乎沒有讀過他們的作品——犬儒主義的第歐根尼（Cynic Diogenes）的座右銘：「活得像條狗」，（我以為）正好符合我那模仿佩蒂・史密斯（Patti Smith）*的假龐克臉孔。

我都寫了些什麼呢？想跟人上床、沒上床、上床結果慘兮兮。希望那男的離開，希望那男的不離開，然後他離開。在一首虛構角色詩作（persona poem）**裡，一名年老的賭徒針對史提芬・馬拉美（Stéphane Mallarmé）在〈擲骰〉（Throw of the Dice）中討論的機率的本質，發表了一番言論。（我們急需錢買校服，父親卻常常外出賭骰子。）

試著找出這樣一位詩人，曾有人說他跟一把收好的雨傘一樣嚴謹，他與我的差異，比他與艾略特、曾任保險經理的詩人華萊士・史蒂文斯（Wallace Stevens）、或端莊嫻靜的艾蜜莉・狄金森（Emily Dickinson）之間的還要大。這可不容易。他們是以實驗天性和隱密符號系統著稱的詩人，能在讀者的腦中鍛造出各種強烈的心理空間；他們的語態也傾向寡言含蓄。具有同樣風格的是「紐約詩派」奇才約翰・艾許伯瑞（John Ashbery），巧舌如簧、自、創作豐富的神，其冷靜潺湲的意識形態令我崇拜。我專述艾許伯瑞的論文超過一百頁，這位詩人承認自己難以解讀，也絲毫不在乎讀者懂不懂。

＊編注：美國詩人與歌手，被譽為「龐克教母」。
＊＊編注：在這樣的詩作中，詩人會扮演一個角色，並用第一人稱的視角寫出這個角色的觀點。

相較之下，我是野性的美國半土著，在各大搖滾舞廳喝酒和狂舞，同時因我那分崩離析、嗜酒的家庭而憤怒痛苦。

在那段期間裡，對我來說，坦承意味著隱藏一切真實記憶和抽乾所有的感受，最終紙上除了些碎屑，什麼都沒有。「道出所有真相，但迂迴一點，」狄金森曾如此說道，而不是「覆蓋層層紗布讓人看不見」。正如詩人唐納德．賈斯迪（Donald Justice）所說，神祕與模糊之間是有所區別的。當談及真正的神祕事件——例如希拉蕊．曼特爾撞見幽靈，作家可以把她所知的一切全盤托出，而且毫不消減玄謎的吸引力；模糊則是出於懦弱，隱匿了原本需要揭示之物。

下面一小段文句，摘自我一九七八年的詩作〈文明與它的牢騷〉（Civilization and Its Discontents）——我自以為是地參照了佛洛伊德的傑作。我曾以此形式描寫母親的崩潰，當時她縱火燒了我們的玩具，高舉廚刀恐嚇。

> 一九五九年，幾名醫生用鎮定劑制服了

一名德州婦女，電極片
束縛在她太陽穴上，導入了電流。
她的髮，輕微燒焦地捲曲
散落在眼睛旁，出院時被拍下的照片裡眼珠子淺綠呆滯。
婦女的故事到此終止。
她曾在保齡球館大跳佛朗明哥。
難以得知她女兒情感受到多大的傷害。她蒸發在
青春期和琴酒中，並成為
謠言的受害者。

這首詩粗暴的跨行和參差不齊的韻律，用得毫無根據，到處都是毛病——比方說目中無人、事不關己的語調，比較適合像賴特曼（David Letterman）*這種愛惡作劇的傻瓜；或

＊編注：美國著名脫口秀主持人。

者糟糕的斷行。詩中沒有交代那婦女是誰，或者你為什麼對此關心；更何況那根本不可能是真的。我母親從未在保齡球館跳過佛朗明哥。沒有人曾經做過，也不會有人這麼做——這說明我的虛構想像力多麼有限。青春期和琴酒也毫無意義——只是個姿態。關於什麼的姿態？天曉得？我在青春期以後怎麼樣了？嗜酒和厭世的狀況到底有多糟？

母親做過太多比這更有趣的事了。她判定小鎮超市裡的帕瑪森起司不值得買的時候，就直接翻倒整個乳酪陳列架。她手持獵槍在冰淇淋攤車前面晃，因為那鈴聲吵醒正在午睡的她。她擁有一套在巴黎設計的高級時裝，而且還在我六年級時給我讀沙特（Jean-Paul Sartre）的《噁心》（*Nausea*）。

可當我想直接陳述這些更為有趣的事實時，我的喉嚨都像是被掐住一樣，難以開口。更別提那些會溜進我的噩夢裡，不斷把我拖進心理治療診間的事件。

假如我寫得夠含糊，就沒有風險。沒有人會明白究竟發生了什麼事。我曾在詩人馬文・貝爾（Marvin Bell）早期作品裡看到一段話：「我知道自己是個實驗詩人。我的詩完全沒法理解。」

伊瑟里奇・奈特（Etheridge Knight）——在密西西比及其他州留有前科，膝蓋土灰，雙手粗糙得可以用來劃火柴棒——在一場由他主持的寫作工作坊中，因我交給他那些矯揉造作的文字而大罵了我一頓。早在詩文朗誦會盛行之前，他就經常帶我們到酒吧，或在擁擠的公車上大聲朗讀。當你面對一群東倒西歪的醉漢，或疲憊不堪的通勤者時，你很快就會明白自己的胡言亂語有多麼不著邊際。

這段時期，我深愛的父親正企圖以酒精慢性自殺。而我讓奈特唯一還算滿意的詩作，則是關於一隻自殺的狗。（詩文的第一句是：「住手，小狗。」）我深處的悲痛如電池酸液般腐蝕著我的內臟，而這滑稽之作，已是我碰觸這股悲痛的極致。家庭議題讓我揮之不去，而我的逃避則令奈特抓狂。

在一首名為〈隱形人〉（Invisible Man）的詩裡，我假裝自己是黑人，而且了解熵的科學定義。在另一首詩作〈雙螺旋〉（The Double Helix）中，我冒充內行大談遺傳學，但事實上我是透過閱讀克里克（Francis Crick）與華生（James D. Watson）共著、內容相似的回憶錄，才認識到這個主題。

然後，幸運如同閃電般擊中了我。我誤打誤撞地闖進地球上關於回憶錄最精彩的對話之一。二十三歲時，我像一顆被強力擊出的乒乓球般，順勢進入了詩文的研究生課程——唯一不需要大學文憑而願意錄取我的地方，可是僅供試讀，直到我能證明自己不像外表看起來那麼笨。

我記得那間教室和那把灰色鐵椅，在那裡我第一次聽到傑佛瑞．沃爾夫朗讀他那騙子老爸的事。佛蒙特州的八月很熱，當沃爾夫步上輕薄的木頭講台時，有人切掉了強力呼嘯的座地扇，好讓我們更容易聽見他說話。

沃爾夫留著海明威式的鬍子，穿著 Polo 衫。他看起來就像不管是在煙霧瀰漫的爵士酒吧裡，或是在一艘古巴漁船上，都能怡然自得地啜飲馬丁尼。他的妻子十分優雅，眾人都很看重她的意見。沃爾夫畢業於普林斯頓大學，為《君子雜誌》（*Esquire*）和《華盛頓郵報》

寫文章，資歷完整豐富，但他謙虛以待。他相貌英俊，態度誠懇，但受不了亂七八糟的東西，似乎只在意如何把文字以正確的方式寫下。在派對上，他與大家分享昂貴的干邑白蘭地，講述引人入勝的故事，還會談論爵士樂。

一九七八年的夏天，他在悶熱的教室裡開始朗讀，教室裡坐著不到一百名疲憊困頓的聽眾，大多數是年輕的作者，以及他們未滿四十歲的教授們。

但是，從他開始朗讀的那一秒起，空氣中立即有一陣細微的電流滋滋作響。剛剛還癱倒在椅子上的人——特別是一整天都在細讀我們那些半生不熟的破爛文章而疲倦不堪的導師們——全都挺直了身子。我們紛紛傾身向前，仔細聆聽，連蒼蠅飛動的聲音都聽得見。

沃爾夫擁有厚重的嗓音，卻斷斷續續地讀著自己的文章。你聽得出來，他在讀得同時忍受著傷痛。儘管如此，他還是奮力地繼續，有時停下來喝水，聽眾仍一動也不動。天啊，我幾乎沒有眨眼。他展現出的是一種我不曾擁有的勇氣。他就像動作片裡的英雄，開槍擊倒我一生都在面對的敵人——家族謊言——他那瀟灑自如的風範威風教我無以名狀，令我神往。那是一場英雄式的表演。而我願意放棄一切來換取這種勇氣，將自己的故事用同樣的方式呈現出來。朗讀結束後，聽眾爆出一陣熱烈的掌聲。

你可知道那批聽眾包含了哪些人？當中有一群詩人，我曾像哈巴狗一樣跟在他們後面轉。包括：露伊絲・葛綠珂（Louise Glück）、海瑟・麥克修（Heather McHugh）、羅伯特・哈斯（Robert Hass）、艾倫・布萊恩特・沃伊特（Ellen Bryant Voigt），甚至查爾斯・席米克（Charles Simic）也到場了。他們所寫之物，都取自真實的人生經歷，再以不同的透明度，塑造出鋒利的心理效果。散文作家則有雷蒙・卡佛（Ray Carver），前一年我才拖著他的第一本平裝書遊歐洲，另外還有理查德・福特（Richard Ford）和瑪莉蓮・羅賓遜（Marilynne Robinson）。

沃爾夫的弟弟托比也在那兒，那時他還沒撰寫《這男孩的一生》，但坐在他身旁的是法蘭克・康洛伊，其著作《斷線》以次文化經典小說的形式摘錄在《紐約客》上刊載。有這群老師在，也難怪我的好友馬克・多蒂（Mark Doty）及傑瑞・史塔爾會加入我書寫回憶錄的行列。

研究所畢業後，我進入電信業工作，只在夜間寫作，有機會就發表，但我的天賦不足以駕馭詩作。

三十歲生日那天，我結束舊金山的出差，搭乘紅眼航班*飛回波士頓，但一度因為炸彈恐慌而暫停起飛。這讓我有時間到酒吧，花掉可以從廉價行李箱搜出的每一塊銅板，喝到爛醉如泥地登機，再一路乾掉機上發送的少量香檳。當時，我們家正經歷一段黑暗期（什麼時候不是呢？）父親在德州療養院裡委靡瘦弱的模樣，如鬼魅般纏著我；那年年底前他去世了，而有一部分的我早就了然於心。

飛機向東飛行，直奔初升的朝陽。一整晚，我的手在線圈筆記本上從未停止動作；一頁接著一頁，巨大又悲哀的吶喊傾瀉而出。我一直死死地握著筆，以至於在凌晨放下筆時，大拇指感到疼痛。

＊譯注：深夜起飛、翌日凌晨抵達目的地。

一回到家，我就清空行李箱，把筆記本啪的一聲摔在廚房的流理台上。然後我動手繼續完成那份讓自己頭腦麻木的工作，假裝自己在進行重要商務。假如當時我是在零散的紙張上塗寫的話，那麼我肯定會把它們丟進垃圾桶了。我當時就是覺得它如此不堪。

後來，我丈夫閱讀了這些文字。他個性含蓄，此刻卻端著感興趣的表情說道：「我就在猜你什麼時候才會願意把這些寫出來。」

想到他盯著這些不成熟、未經過濾的內容看，令我感到尷尬。幾乎沒有人的意見比他的更重要了——他精闢無私，且不帶奉承；而他喜歡我寫的東西。與眾多傑出作家——包括我所有的老師在內——說的一樣，他也認為我用第一人稱寫作時，筆下的文字就都活了起來。但我之前總覺得，第一人稱的格局太小、力道太弱或者怨氣太重。

無論如何，在他的不斷催促之下，我重新拾起這些文字，開始拆解它們，尋找可用的段落、語言和語調。我從中完成了幾首輓歌與詩作，還有幾大塊最終放進了《大說謊家俱樂部》裡頭。

以下是關於我老爸的一段摘文，比之前完成的任何作品都要好，但讀起來在情緒上仍太過直白裸露，若不是我丈夫一再慫恿，我是不會寄給雜誌社的。

我要講的是我唯一知道的真相：
我為你快要死去而感到無助悲傷，
這星球不會減輕一點重量，即便你化為
灰燼……
倘若如佛祖所言，生死皆如幻影
我將被你的缺席所愚弄且受苦，
而你會在某處
從氧氣帳裡甦醒，如現代的拉撒路*，
或拉開一罐 Lone Star 啤酒，
或純粹太累不想開口，刮去

---

*編注：聖經故事中的人物，在死去四天後復活。

你黑色工作靴上的泥巴置於門廊。

偉大的拉丁修辭學家們曾勸告演說的人，葬禮悼詞應該簡樸，擺脫絢爛的比喻，剔除誇張的粉飾。可是在當時，我這些措辭似乎簡單到不夠體面（現在看來已不再那麼糟糕），難登文學的大雅之堂。

更何況我還有更多的態度要表明。緊接著我就引用了維根斯坦（Ludwig Wittgenstein），像奈特會說的那樣，在一陣又踢又叫中被我硬生生地拉進來。

倘若真如維根斯坦所言，問題皆因語法，
那麼我承認，我找不到一種語法，可以拔開
棺材上的鐵釘……

我現在的想法是：我的天啊。題材正在我體內沸騰冒泡、等著被寫出來，我卻喋喋不休地瞎扯維根斯坦。

此外，我把自己從小到大只叫「老爸」（daddy）的男人稱作「父親」（father），實在矯情地讓人吃驚。可能當時我覺得，叫他「老爸」就太像希薇亞・普拉斯（Sylvia Plath）了。

在那年代的劍橋，小說似乎是女人心馳神往的偉大文學形式。幾乎每一位我所敬愛的女性——童妮・摩里森（Toni Morrison）、莫娜・辛普森（Mona Simpson）、愛麗絲・沃克（Alice Walker）、蘇・米勒（Sue Miller）、蘇珊・米諾（Susan Minot）、艾莉絲・孟洛（Alice Munro）、蒂莉・奧爾森（Tillie Olsen）、喬伊斯・卡羅爾・歐茨（Joyce Carol Oates）、瑪莉蓮・羅賓遜、譚恩美，都創作小說；所以我也開始寫一本長篇故事。天殺的我哪懂什麼是小說？只曉得它允許偽裝。

那麼，我對於事實都做了哪些更動呢？

首先，我讓自己變成獨生女，這足夠教訓把我從鄉村俱樂部丟出去的姊姊！其次，我那懶散邋遢、酗酒的母親，搖身一變成了窈窕、自律、梳著整齊髮髻的芭雷女伶。第三，敘述者（也就是我）早熟得一塌糊塗。她美麗、高貴又充滿智慧；她十二歲就會算微積分，在地區療養院當義工，從來不會咬人！最後，我確保我們家十分正常，運轉良好。

小說裡的老爸因中風倒下時，母親和女兒整夜守在醫院裡，睡在椅子上。現實生活裡的那一晚，我們為了母親的生日驚喜派對而留他獨自在醫院，然後喝瑪格麗特喝到醉，還開車撞倒他的貓（無致命傷）。在小說裡，我們詳談對保險的擔憂，母親也沒有拿槍恐嚇我如果不能解決她的賠償問題，就開槍自殺。小說裡的母親還安慰了悲傷的女兒；我的母親則比較像是飼養爬蟲類的主人，無精打采地搖動寵物箱，看看我是否還活著。

以下是小說的語調：

> 在我十六歲生日那天，母親贈予我一副來自十九世紀法國的歌劇望遠鏡——袖珍的鍍金望遠鏡剛好能收進珍珠晚宴包裡。這份禮物可能會引起你的誤會，以為我們跟生活在一個與我們之前所在不同的世界裡，進出歌劇院是家常便飯，上下計程車時還有門房為我們撐傘。

即使這本小說的第一段是反駁歌劇望遠鏡，聲明那並不能說明我們是誰，但還是為這本爛書開了頭。而且就如佛洛伊德說的，無意識中並不存在否定詞。甚至連句中的措辭——用「贈予」（presented）而不是「給」（give）——都不是我本來的說話方式，是一次生硬的置換。

不過，歌劇望遠鏡的靈感來自活生生的經歷：老爸曾把他老舊的軍用望遠鏡給我。然而小說裡的媽咪不知從哪裡生出一個過分精緻、鍍金的玩意兒，不僅和老爸的軍用望遠鏡形成強烈的反差，也與我成長的德州極不協調。而且軍用望遠鏡竟是我那凡事不在乎的母親給的，而不是那個願意為我摘月亮的老爸。真是神聖的「願望滿足」啊，佛洛伊德。

同時，我順便把自己的人物形象妝點得一樣精美，如以下這一段所描述。我用老套的雙重視角的手法，透過望遠鏡觀察接下來如伊甸園般的景致。

一隻紅衣鳳頭鳥在苦楝樹上，啄著一顆貌似蘋果大小的綠色果實。一隻蜻蜓停駐在一朵白色梔子花上，翅膀沙沙作響、閃閃發光。幾隻變色龍在樹枝上打瞌睡，模樣像極了迷你恐龍。

我想盡辦法找到了一些美麗的事物，好抹去成長環境中粗獷、工業化的風景，那裡出了名的醜陋，常有蛇、鱷魚、蚊子群穿行。我究竟是如何克制自己，才沒把喜瑞兒廣告裡頭戴綠色圓頂紳士帽的愛爾蘭男子放進我的故事裡呢？事實上，我和大自然唯一一次的接觸，是身背槍桿去打獵。

我這樣的寫作方式有什麼錯呢？錯在我沒有跟任何人互動。沒有行動，也沒有故事。我似乎只想討人喜愛地展示一副林肯時代的長柄望遠鏡，除此之外再無其他。

但這不是在發揮我的長才嗎？詩人都擅長形容事物，對吧？難道我不應該盡力發揮嗎？沒有錯，可是除非那些形容能輔助故事的發展，或揭露某種心理情境，否則僅是華麗的裝飾與點綴。

又過了五年，一九九一年，我把這本小說發給我加入的那個嗜酒如命的作家團體看，他們以把人弄哭的能力著稱。我還留著斯文・伯克茲（Sven Birkerts）和羅伯特・鮑里托（Robert Polito）給我的速寫筆記〔路易士・海德（Lewis Hyde）當時是不是也在？〕。他們耐心地建議：「試著把它寫成回憶錄。」「妳的文筆不錯，也許寫成非小說更好。」「修剪!!」

回想起來，每支箭都射向一個閃跳的霓虹標誌——「回憶錄」。就像伊麗莎白・哈德威克（Elizabeth Hardwick）曾在羅伯・羅威爾開創自白詩以前對他說過的：「何不直接講明發生了什麼事？」

最後我為那第一本回憶錄找到的風格，來自於我一生的閱讀經驗，而且還是我母親一手培養的。身為藝術與歷史家，她的床邊疊著一座搖搖晃晃的書塔；她聰明伶俐，很會講笑話，卻不太會說故事。

而我那沈溺於酒吧的老爸，說起話來充滿了象徵性語言。假如有個女人的臀部豐滿，他可能會說，「她的屁股像兩隻沙皮狗在同一個袋子裡打架。」信不信由你，他說這句話是一種正面的稱讚。

老爸說話的方式成為我開啟整本書的鑰匙。在我們這個滿是熱愛閱讀的女人的家庭，老爸是內部的流亡者，但卻解決了我所面臨的最大文學難題。他是城裡各地酒吧和賭場，傳奇的說故事達人。大學修人類學課程時，我甚至還錄了一些他講的故事。可是他說話的方式太過獨特，我根本不用聽那些錄音帶，那些故事一直在我的神經之間嗡鳴不止。

諷刺的是，我花許多時間想超越的鄉巴佬口音，最後竟然變成這本書的品牌形象。如果不是借用了老爸的腔調——沒有成長環境的骯髒與黑暗——我的寫作將好比打球時一隻手被綁在了背後，終究不得解放。

當暴風雷雨來襲，老爸可能會說：「雨下得像母牛在平坦的石頭上撒尿」。這句話無論在何種意義下，都可視為一句詩。鮮明的意象將你猛然抽離司空見慣的一切，站在情理的邊界舞蹈，正如詩歌一樣。此外，在你發笑的瞬間，你也跟說者唐突的言語同流合汙了。這一點把你與敘述者綁在一起，你已經被收買了。〔同樣的收買也發生在任何超奇幻的前提假設中，想想喬治．桑德斯（George Saunder）的《狐狸8》（*Fox 8*），一旦你接受這個故事是由一隻狐狸所寫這個前提，你的心靈已被敘述者劫走，他重構了你的信仰系統。〕

那一行詩也開啟了一個全新的世界，在那裏，母牛在平坦的石頭上撒尿，而人們圍觀在旁驚嘆不已。

隱喻為我們的經驗賦予血肉，而且像我老爸說的話一樣，讓語言擁有一種質地。在大蕭條年代，風像「一把鋒利的剃刀」，穿過箱型貨車的每個裂縫。

他有一種捕捉事實細節的天賦，並對人們身上的喜感十分著迷。在酒精尚未摧毀他之前，他是敏銳的觀察者。光是看到一個大胖子騎著摩托車、輪子被壓扁的模樣，就能讓他笑上半天。他喜歡五花肉和無濾嘴的香菸，吃生的洋蔥。他會拿外部的證據（完全是想像出來的），為自己的故事辯解，而故事中的鬧劇和暴力，通常會透過栩栩如生的人物描繪引你入戲，而這正是一個擁有敏銳感官的人所擅長的。

更重要的是，老爸熱愛他故事中的人物。不像酒吧裡其他愛賣弄的人，老爸總是等到有人哄誘才肯開口，而且他的故事從來不會刻意設計來取笑任何人。他經常拿自己愚蠢的陳年往事來開玩笑，例如有一次在園遊會上，兄弟們說服他參加跟袋鼠較量的拳擊比賽，結果他被袋鼠踢了屁股。

無論我借用多少老爸的語言和態度，我心裡清楚，真實表述我青少年的聲音，都必須包容我花在萎縮和胡思亂想的時間。有時候，我內在的人生感覺上比外在的更大——我想我是天生如此。所以，我的語氣不能只是模仿老爸的。我有一大堆東西可以說，但在他眼中卻不值得一提，文學參考和心理療程只是其中之二。不過，要想把一切打包在一種語言習慣之內，就必須要維持穩定的語調，並在過程中承認自己的裝腔作勢：

那時二十多歲……我喜歡稱自己為詩人，並且假裝有閱讀古典書籍的習慣（當然是譯本，我是個懶惰的學生）……〔我曾經〕成天穿著黑色，坐在我母親那又熱又燙的前門廊上閱讀荷馬（或奧維德、或維吉爾），等著有人問我在讀什麼。從來沒人問過。人們問我在喝什麼、體重多少、住在哪裡、以及是否結婚了，就是從來沒有人給我機會發表自己那套論述偉大的文學演說。

之前我曾提過的歌劇望遠鏡，最終回歸它現實中的樣子：軍隊分發的野地望遠鏡。下面這段敘述所使用的語調在時空背景中更生動，夾帶著恥辱和怨恨，插入了軼事，呈現出一種空間感：

> 我繞過掩護，把〔軍用望遠鏡〕架在眼前。從籬笆木條的隙縫，隱約可以看見隔壁的米奇．漢斯跪坐在肥腿上，在泥土裡滾動他的玩具車。每次見到米奇，都讓我感到愧疚。有一次，我叫他抽我們用衛生紙捲雀巢可可粉的香菸……他〔舌頭上〕的燙傷很嚴重，就跑去給他媽媽看，壓根兒忘記她和全家人都屬於那些不抽菸、不跳舞的教會人士。漢斯太太用一把梳子使勁地鞭打米奇的屁股。我們蹲在漢斯家的浴室窗戶底下，在外頭聽得一清二楚——塑膠梳子啪啪地打在米奇胖嘟嘟的屁屁上，他哭喊得像個女妖……我當時多麼希望老爸的卡車能突然衝入車庫。

我盡力把這場景原汁原味地呈現出來，用我當時還是個孩子所使用的語言敘述，其中含有一些人物訊息：我用欺負米奇．漢斯來發洩壞心情，但至少會為此感到難受。另外，我身處於一群孩子之間，他們日後又讓我想到各種更誇張的主意。這個場景包括了一些內在世界、一個趣聞，而老爸也在結尾處現身。

我花了九個月專心寫《大說謊家俱樂部》的第一章，過程充滿艱辛與惱怒，這段時間主要是用來打磨書的風格，反覆推敲語法及措辭。在此之前，我曾嘗試透過詩文及小說形式，講述書中提到的事件，如果連這些時間也算進去的話，為了建立這本書的說話模式，我耗費了十三年（如果把為了激發勇氣而進行的心理療程時間算進去的話，是十七年）。那九個月裡我在做什麼呢？大部分時間就是在紙上把字推過來推過去。我會在清晨四、五點起床，趁兒子還在睡的時候寫稿；先試著用一種方式講一個東西，然後再實驗另一種方式。如果某個段落看起來還算像樣，我會剪下來貼到牆上。

書的風格必須始終一致才會讀起來真實；筆調可以變化，但是措辭和語法需要與風格對齊。讀者必須能夠相信，從頭到尾都是同一個人在敘述——當然，這是一個手段。你聽任何一個人講話，時間一久就會發現，她說話的方式一直變來變去。組合出一個風格大多靠直覺，不過我倒是發現了一些我的敘述者能遵循的小規矩。

比方說，我會刻意地用介詞來結束句子。「那裡有個救生員，那年夏天，我們有一半的時間都在抬頭看他的泳衣——褲腳上的漏洞。」（There was a lifeguard whose bathing suit we spent half the summer looking up the leg hole of.）這句子合乎語言習慣，又相當口語化。它對正規的語法不屑一顧。但你不能寫一個像這樣的句子，然後在下一段落調轉語法，變得「正規」起來。說出「這是我們走過的同一扇黃色大門」（It was the same yellow door we'd gone through.）的人，與說出下面這句話的絕對不是同一個：「我們曾從中穿過的就是這扇黃色大門。」（It was the yellow door through which we had gone.）

措辭也必須前後連貫，所以我才會稱我母親「母親」，而不是有時候叫媽媽，然後變成媽咪，再改成媽，不管是否「確實這樣發生的」。改變我如何稱呼她，就會暗示某種心理上的轉移，繼而造成我必須停下來解釋。我單純選擇「母親」，然後堅持下去。

談論「尋找」一種語調、確定風格，的確是陳腔濫調，但這讓人感覺有所達成。為了提案（我得知需要提供一百頁內容及一個架構），我花了九個月的時間「研製」第一章，並在這段時間裡，我逐漸掌握如何安放語句。同時，一種明確的敘事順序也浮現出來——大多循著時序，僅在開頭有個「超前敘述」（flash-forward）。

短短幾天內，我經歷了一場微妙的心理轉折，腦中的影像突然在紙上有了可以代表的文字，隨著文字降臨的是一種意識狀態。感覺幾乎像是我走進了某個內在空間，在那裡我經歷過的種種體驗，可以穿越、轉化成語言。

寫作風格奇妙地把我跟坦白綁在一起，一旦虛構內容，好像就破除了風格在我身上施用的魔力，哪怕是使用一個假名，都會像個透明玻璃，擋在我與過去之間。我不得不用真實姓名寫出整本書，之後再用搜尋取代功能替換成假名。就是這麼奇怪。

無論風格來自何處——自我催眠、心理平安、還是海明威說的「寫一句真話」——它的降臨都將顛覆全局。我不清楚是心態改變所以捕捉到風格，還是相反。總之，我感覺自己原本是由一頭步履艱難的公牛拉著走的，如今裝上了馬達，在路上奔馳，紙張開始愈疊愈高。兩年半以後，我完成了草稿，只待付梓。

第十五章 論書的結構與信息的順序

你希望成為偉大的人嗎？那就先學會存在。你想創造一個巨大嵩峻的構造嗎？那麼先想想謙遜的基礎。你搭建的結構愈高，地基就必須愈深。

——聖奧古斯丁，《上帝之城》（*City of God*）

說起書的基本架構，我的三本書都採用了同樣的手法：開頭用「超前敘述」來闡明在整本書的進展過程中，我在情感上壓了什麼賭注，接著再把故事按照線性的時間展開。

我不建議每個人都採用這個形式，但我認為，你在開始前一定得押上自己的情感賭注——為什麼你對這項計畫懷抱熱情，又有哪些風險——愈早愈好。這說明了為何我從康洛伊和克魯斯（還有其他成千上萬的寫書人）身上學來的「倒述法」結構經得起時間的考驗。它就像坐在棺材上，講述一個關於死亡或重生的故事。

年輕作家常常請我幫忙安排故事中信息的順序。其實有一個已行之有年的方法你可以試用：想像自己坐在餐桌前，把故事講給一位好友聽；這樣一來，你絕對會知道在哪個時間點要說什麼。

通常大的故事看起來都很簡單：我是聖人，而他們都是壞蛋。

如果你更冷酷無情一點，可能會發現這個故事比較像是：我百般招惹他們，於是他們變成了壞蛋；或者，他們大多時候是壞蛋，但相處起來也可以很有趣；或者，他們是如此的傷心痛苦，不得已成了壞蛋，可憐的混球們；或者，我們輪流當壞蛋……（我總是跟學生們開玩笑說，所有我寫出來的東西，最初的型態都是：我很悲傷。終。瑪莉．卡爾著。）

一本書裡會有一個大的、焦點的主要故事，例如我如何藉由行走太平洋屋脊步道，成為堅強的孤兒；還會有一些比較小的故事或趣事，比如我和小跟班一起偷西瓜的那件事。

如果你把那些小故事或小趣事說出來，那個貫穿全書的主要故事遲早會浮出水面。

第十六章 通往地獄之路鋪滿了誇張

別在他人頭上
揮舞你的殘肢
別用你的盲人手杖
敲打豐食人家的窗

——茨畢格紐．赫伯特，〈柯吉托先生思考痛苦〉（Mr. Cogito Reflects on Suffering）

為了確保有心習藝者徹底理解我前面所說的，我不得不再強調一遍，最糟糕的事件或最輝煌的勝利，並不會創造出最棒的書。成就好書的，也許是感受最真實的事件，或者以某種熱情，讓風格與故事完美交融的那種。有許多人所戰勝的苦難，遠遠超過我所面對的一切。我誕生在世界上最富裕的國家，父母識字有工作，還擁有自己的房子。有些人則生在遙遠的古拉格集中營，天生大腦損傷。與他們的苦難相比，我的痛苦微不足道。

為了銷售而製造內容，代表你不對自己的磨難與成就感到榮耀。假如你相信內心深處的感受足以為你的情緒反應做擔保，那就試著努力把過去原本的樣貌寫出來，以此向你的過去致敬。有時候，真正的痛苦是難以用肉眼察覺的。

小時候，當我看到母親的嘴巴抿成一條直線，聽到她用北方佬的口音說話，同時擺出僵硬的姿態時，我就知道她喝醉了。當我努力想阻止如失控火車般衝向我們的混亂時，我的腦中彷彿有隻老鼠在裡頭亂抓，那真是折磨人。把外在的一個小刺激，透過一個孩子無能為力的身體渲染出來，能夠為讀者帶來一場觸動人心的體驗。

反之，**如果你和有關你的一切看起來超級怪異，反而會將讀者推遠，難以與你產生共鳴或身歷其境。**

有些作家的天賦在於操作超級怪異的內容，但非常罕見。我本人駕馭現實範疇更甚於超現實，因此我試著把奇怪的事物正常化，好讓讀者容易接受。

第十七章 盲點與虛假的自我

我們給予一些壓力，讓你們不得不奔向屬於自己的最高舞台……但我希望在那樣的壓力下，你們能拋開所有虛假的你——模仿的你、太聰明的你、逃避的你——回歸那個（有時候在一開始很令人失望的）野獸，真正的你……真正的你是你唯一擁有的，所有其他的路都是假的。最理想的是，真正的你會因為最終獲得你的認可而欣喜不已，並且反過來用獨創性來報答你。

——喬治．桑德斯，二〇一三年雪城大學藝術創作碩士班畢業致辭

大腦是回憶錄的心臟，也是一台蓋革計數器，讓你用來偵測記憶地圖，尋找珍貴金屬。心理的自我意識及追求真實的信仰，賜予你勇氣道出自己發現的一切，而不管這會不會讓

你看起來虛榮、陰險、或是可惡。

每一位回憶錄作家的虛假自我（們），都會輪番上陣封住講真話的嘴巴，阻止他關於他是誰的駭人事實。盡量直接從那個唯一的「真實」核心出發，憑自己原初的能力，自然能統整筆下的文字；否則內容將無法貫通，而且讀起來假惺惺的。

用你希望自己是誰做為基礎所做出的錯誤決定，將會導致風格扭曲，選擇的細節也會夾雜著虛偽。假如海倫．凱勒不是用全盲、而是用近視女孩的角度來寫書；若瑪雅．安吉羅把自己寫成一名下半身癱瘓的孤兒，或遵從「吉姆克勞法」*的淺膚色黑人女孩……你應該看得出來，那樣一改，她們的故事中就不可能流淌著純粹的力量了。

回憶錄作家在一開始所相信的真相，很多到最後會變形成為完全不同的樣子。所以再說一遍：不願意道歉或改變自己想法的人，就是無法應付流動的心理狀態，但只有這種心理狀態，才能使你發現真相。

你自以為對故事瞭若指掌。它就像你大腦裡的一座莊園，只待你描述出每個房間，可是幾乎每一位與我交談過的回憶錄作家都會發現，那些房間的牆壁會繞著他改變形狀，產生如同毀滅性地震或板塊移動般的變遷。或者，記憶就像一個不停被搖晃的雪花水晶球，雪片覆蓋了球中的事件。

傑佛瑞・沃爾夫坦承自己這些年來，不經意地將他老爸塑造成一個比他本人更加瀟灑、黑道氣勢十足的角色：

> 用一種誇張來看待我父親總是比較方便些，比如說他格外骯髒或經常犯罪。但這些內容並沒有精確傳達出我的情感。

在撰寫他的越南回憶錄以前，托比亞斯・沃爾夫發現所有寄給母親的信——他印象中

＊譯注：一八七六年至一九六五年間美國南部各州對有色人種實施的種族隔離制度。

是溫柔、刻意模糊焦點，以減輕母親煩惱的內容——事實上誇大了他所面臨的危險。

蓋瑞・史廷加爾在創作他那本引人入勝的《小失敗》（*Little Failure*）時，才從中領悟到，自己實際上一直都是個孝順的兒子。可是他的家族卻將他視為一個忘恩負義、道德敗壞，無止盡地折磨父母親的逆子。

當然，不管是不是回憶錄作家，每一個探索過去的人都會有意外發現。在我出版第一本書以前，曾當面質問過我的母親，為何老爸可以不離不棄，默默忍受她發脾氣、朝他揮舞槍支。母親回答：「他是可憐我。」她說出口的瞬間，我立刻知道那是事實，卻也推翻了我一輩子都在相信的——以為母親是婚姻裡的掌權者。老爸的沉默並不是無助，也不是愛，而是憐憫。

回到我之前提過的錄音，當我們著手拆解內容時，大部分都會碰到困難。把我們騙得最苦的，正是那些已在我們腦中盤踞幾十年的想法：我很堅強，我陷入困境，我很醜。在史廷加爾的《小失敗》中，他父母親經常說他醜，所以當這本書（我讀過出版前的手稿）出版時，在書封上看到一個身材修長、黝黑帥氣的長睫毛男孩時，我十分驚訝。可是他的神情陰沉，堪比末代沙皇那患有血友病的兒子！廢話，一天到晚被說醜，誰會不陰沉？當然，對於回憶錄的寫作，人們是否覺得他醜並不重要，重要的是他覺得自己醜。

無論你如何竭力探求真實性，人類的自我是一個鬼頭鬼腦、匍匐前進的混蛋，而且**基本上對每個人來說，學會與真正的自己相處，是一輩子心靈上的奮鬥**。即便是最為直率坦誠的人，一旦開始把自己寫在紙上，也會因為擔心自己最終變成的樣子而感到困擾。你能期待的最好狀況，就是可以撕掉每一張遮住你視線的面具。

•

關於我們自身，或著我們所講的故事，總有某些地方必須隱藏或否認。每一本我編輯過的書稿，即使是出自成熟作家之手的，作家極力隱藏的某個特質，往往是關於自己和故事最不可辯駁的面向。你迷失在被誇大的美好過去，或當整個態度轉變，都相當於從你所立之處重寫自己。

即使在最傑出的作家所寫的書中，你也能發現有些章節可以整個跳過，因為這些章節感覺像是在情感上繞遠路。作家之所以寫，是因為他可以在這一章中把一些關於自己閃亮的部分打磨潤色，明亮呈現。納博科夫《說吧，記憶》的第三章，專用於描寫家族的財產和紋章，以及光鮮亮麗的貴族祖先們。即使他從未承認，但這正是他私底下引以為傲的事。這樣的虛榮可以理解，但我們不妨看看這樣的文字到底有多麼無聊：

> 此區更遠處，有兩處莊園在巴托沃鎮上：我叔叔維根斯坦王子的珠琮瑟里莊園，就座落在西維斯基（Siversky）火車站幾英里外的地方，而我們家離東北邊的火車站僅六英里遠。

很明顯地，他就是在炫耀。最後，納博科夫也順便提及魯卡叔叔在一九一六年留給他兩百萬美金。而且他還宣稱對於蘇聯政府沒收這筆合法繼承的遺產所產生的怨恨並沒有持續很久。他對於將金錢視為糞土的立場強調地太過用力對金錢，讓我始終難以接受。

> 以下這一段不是為一般讀者所寫的……而是寫給特別愚蠢的人，就因為他在某場鬥爭

中失去了一筆財富，就自以為他懂我這個人……這些年我一直感念的懷舊之情，是對破碎童年一種過度膨脹的情緒，而不是對失去的鈔票感到的傷心。

重點在於：假如他承認對那筆失去的金錢萬分不捨，讀者可能會覺得比較真誠——誰不會心疼？令人欣慰的是，即使是《說吧，記憶》這樣的名著都會因某個章節的影響而稍顯力弱，我們發現納博科夫在炫耀自顯赫的家族，卻又不坦率承認。瑪麗．麥卡錫在《一個天主教女孩的童年回憶》一書中也犯了類似的毛病，用一整章細述她在學校舞台劇裡扮演的角色，以及她優秀的拉丁文語言能力，以這種方式來凸顯自己的聰明才智。我的學生們總是對那一章感到厭。在這方面，海明威也不能倖免。他在《流動的饗宴》（*A Moveable Feast*, 1964）中有一段關於費茲傑羅生殖器大小的談話，那部分似乎狡猾地嘲諷了費茲傑羅。

曾有人問我，是否介意書評說我在《重生之光》中，對於描寫我兒子的父親太過謹慎，讓他像衣服型錄上的白人模特兒般，沒什麼真實感。我的回答呢？假如我寫得更好，就會讓更多讀者滿意了。但寫有關他的事，對我而言是一種折磨，所以那些段落確實比書裡其他部分感覺更弱。

伊莉莎白．吉兒伯特（Elizabeth Gilbert）的暢銷書《享受吧！一個人的旅行》（*Eat, Pray, Love*），整本書都展現出慎重與坦率的完美交融，唯獨涉及離婚的部分。比方說，她直接把婚姻失敗及不想要小孩的責任攬在自己身上。她聲稱離婚的種種原因都過於私人，於是拉上帷幕遮蔽這些事件，而且毫不忸怩。對於這種帷幕，我是很尊重的。

可是在那後面，她馬上用相當可觀的篇幅詳細談論她與丈夫財產分割時討價還價的細節。難道這就不會過於私人？她一開始提議賣掉所有的東西，然後各拿一半。「要是所有財產都歸他，所有責任都我背，該怎麼辦？」

他也問起一些我想都沒想過的東西（結婚期間我所寫的書籍的版稅、未來可能翻拍成電影的版稅、還有我退休金帳戶的分成）……這些會使我損失慘重，但是在法庭永無止盡地打官司會花掉更多金錢和時間，更不用講靈魂上的侵蝕了。

說句公道話，除了報導戰爭之外，書寫離婚可能是回憶錄作家最艱難的課題，我自己也不能寫得比她更好。問題是，吉兒伯特花很多時間詳盡列出前夫不公平的要求，卻從未讓我們知道那筆資產的來源。對一名紐約自由文字工作者來說，可不是一筆小數目。她炫耀自己擁有一間公寓、一棟在郊區的住宅、一個退休帳戶。她還自掏腰包請一位友人陪她一起巡迴簽書。即使是簡單的一句「我繼承了一筆財富」，或者「電影版稅讓我大賺一筆」，都算是有個交代。對於那本書漫長的旅途而言，這是一個微小的顛簸，但也證明了即使是最優秀的作家，偶爾也會失足，把本該藏在心裡的說出來，卻又掩蓋了讀者真正需要的東西。

更為常見的一種錯誤，是錯過關鍵的場景。雪兒．史翠德幾乎完成《那時候，我只剩下勇敢》的時候，才發現漏掉了兩個事件——一旦你讀過就會知道，你簡直不敢相信在精神層面上那麼重要的內容竟然會被忽略。

第一件是關於她和十幾歲的弟弟，必須拿槍將已故母親的馬匹射死。史翠德展開健行之旅前，她心愛的母親突患癌症，在病痛中匆匆去世，留下一匹老馬，名叫「淑女」。史翠德的繼父——曾是一位非常棒的爸爸——在她母親過世後很快就重新振作，甚至把新的女友帶回到史翠德童年的家裡同居，並答應要請獸醫將那匹馬安樂死。

聖誕節前夕繼父外出，二十歲的史翠德和十八歲的弟弟最後一次回到家宅，發現骨瘦如柴的馬在雪地裡顫抖著。她最近還在電話上跟我提起這件事：

我的心都碎了。那匹馬就像她的神。殺了牠，簡直就像殺死我母親一樣。

那是揪心的畫面：「子彈正中淑女的兩隻眼睛之間，埋入牠額頭白色星印的中央。」然後，兩個孩子把牠留在原地，等土狼拖走。

身為作家，我認為這裡最吸引人的是，那段記憶如何在瞬間跳進史翠德的腦海。當時她接了小孩放學，正在開車回家的路上，並沒有思考任何有關回憶錄的事，卻突然感受到一陣哀傷。你一定明白那種感覺：不知從何而來的一股沉重悲傷突然襲擊了她；而那份感受喚出了兩個孩子在寒冬裡槍斃那隻馬的景象。

她並沒有忘記那件事，只是忽略了它。畢竟，誰想以拿槍殺動物的模樣出現在書裡？縱使是安樂死也一樣。不過，她馬上就採用了這個場景。「我一直努力想找一個場景，來表達我繼父徹底遺棄了我們。」她說道。無庸置疑，這一幕就夠了。

另一段記憶也與她的繼父有關。在千里健行接近尾聲時，她盯著營火，回憶起繼父教她如何生火和搭帳篷。

從他那裡，我學會如何用摺刀打開罐頭、划獨木舟和跳過湖面上的石頭……可是，那天晚上我很確定，假如沒有艾迪，我不可能踏上（這條路）……他沒有愛我到最後，但他曾經很愛我。

所以，儘管繼父的離去使她心碎，而且「雖然事實上我對他所有的感情就像一顆大石頭卡在喉嚨」，但所有他教給史翠德的實用技巧都減輕了她的負擔。到最後，史翠德感受到繼父和母親給了她所有必要的工具，讓她得以堅持到底。

無論是不是作家，你也許都需要花一輩子的時間，來適應在自己的身體裡生活。自我欺騙是一種細菌，在不同程度上影響每一個心靈，對於青年的影響尤其嚴重。我們喜歡用某個特定的角度來看自己。我在高中時有個男友，他是搖滾吉他手兼音樂製作人，當時的綽號叫「小亨德里克斯」。我在一本書中想提及我的青春歲月，於是跟他報備一聲。結果他問我，能不能別提年輕時抽大麻的事？我看著他頂著一頭亂髮、穿著窄管牛仔褲和靴子，不禁問他：他是想騙誰啊？

根據我的經驗，年輕作家可能在初期就會跌倒，因為他們誤解了自己天賦的本質。我們都想成為別人；壞人想當聖人，聖人想當賤人，賤人想當戴著夾鼻眼鏡的學者。

我在雪城大學的同事喬治・桑德斯在上研究所時試圖毀掉他自己，只是為了讓自己看起來像堅毅的藍領極簡派雷蒙・卡佛（Ray Carver）。卡佛是拖車愛好者，偏好語言精簡的現實主義，所以桑德斯就駕著老舊卡車、戴著牛仔帽露面。他忘掉自己其實是個英俊的年輕人，擁有衝浪好手般的體格，是一名成功商人的兒子，高中的畢業舞會的王子；再加上他的天賦異稟——為我們創造出說話機靈的狐狸、博物館靜態雕塑的山頂洞人、及能讓嬰兒說話的面具——跟卡佛的世界天差地遠。桑德斯超現實的狀況，更多是發展自伊薩克・巴別爾或尼古拉・果戈里（Nikolai Gogol）的寫作模式；桑德斯企圖成為卡佛，就跟馬奎斯想成為海明威沒兩樣。桑德斯的老師們持續努力想把他導回風趣的創作上，然而他卻發現那種作品「太蠢」：「那些只是我放進去的無聊笑話，胡鬧用的。」但到頭來，隨著他的年紀增長，這些嘲諷的內容終究還是回到紙上。

描寫真實自我的這門功夫，在一開始總會顯得缺乏原創性。**事實上，通常會像野獸般嗥叫，像腐爛的東西般惡臭。你會浪費很多上好的紙張，書寫你的虛榮**。雖然年紀和練習之後會幫你驅逐各種浮誇，可是你無法阻止虛榮塞滿你早期寫的文章。

我認識的每一位回憶錄作家都有相似的經歷。我自己也不少。

甚至連眼下這本書都在算計我。你可能以為，在完成三本回憶錄和教學三十年後，我已經給自己接種疫苗，除了這個我無法擺脫的該死的自己以外，對扮演其他人已經免疫。

但是，同樣蠱惑人心的恐懼仍會在某處干擾，我寫的每一本書幾乎都出現過。

在動筆之前，我的編輯建議我要秉持簡單明瞭，用雪城大學的教學提綱來模擬這本書。可是我爭辯著打算遵照詩人艾略特寫散文的模式，或者詹姆斯·伍德寫的《破碎莊園》（*Broken Estate*），或年輕艾莉芙·巴圖曼對俄國文學的精闢分析，來提升回憶錄的規格。

然而，那三位楷模與我簡直是天差地遠。他們是常春藤盟校校友，廣受褒揚的學者，精通語言學和哲學，每個毛細孔都散發出高智慧。而我只是一個在偏遠地區說故事的人，靠著賣弄街頭用語謀生。別做夢了。

你能猜到我的恐懼是什麼嗎？究竟是什麼，讓我花了好幾個月的時間，才一點一滴擠出手中這本書？

那就是，我缺乏以權威之筆寫任何東西的經歷。我是個輟學生，我報名的研究生課程，在我領到藝術創作碩士學位的隔天就停辦了。儘管如此，我計畫把這本書當作一個大熔爐，匯集美學、文學史、現象學、神經生物學和其他雜七雜八的著作等等。

正是這種自我意識，糾纏著每一本書！你以為我不用先走半條路，就能窺見錯的路嗎？你以為，在與同一個恐懼對抗幾十年後，我已經可以預先阻止那些矯揉造作，不讓它把我努力寫下的東西變成垃圾嗎？

可是，寫作對我而言從來不是一條筆直的路。我總是繞著自己的故事轉圈圈，像一隻被拴在曬衣架柱子上的狗一樣躲避真實，但透過每一次的校訂會繞得愈來愈近——每一本書都是如此，直到虛假的自我終於跟真實的自我觀點一致地排在一起。

我在寫上一本回憶錄時，扔掉的稿子超過一千兩百頁，還因為老是改變想法而敲壞了鍵盤上的刪除鍵。假如我有種的話，就會把它拿來做成胸針了。

第十八章

渴望真實：對凱瑟琳．哈里森的公審與私刑

並非只有說出口的才是謊言，沉默也有可能是種欺騙。

——亞卓安．芮曲（Adrienne Rich），〈女人與榮譽：對說謊的思考〉（Women and Honor: Some Notes on Lying）

像回憶錄作家那般在回憶裡翻箱倒櫃地摸索，需要一種近乎瘋癲的執著。特別是在面對一個支離破碎又具煽動性的過往，事實卻七零八碎且情節互不搭配時，更需要這種執著。我不知道回憶錄作家是不是在小時候受騙的次數比較頻繁，還是成人後才對謊言愈加厭惡，但我們之中的確很多是孤兒或父母離異，都努力設法癒合我們內心的裂痕。我想，我們都

曾被自己深愛的人傷過心，因為只有他們才可以碰觸到我們內心。可是我們在日後重蹈他們的覆轍，再次親手傷了自己的心。

這項屬於回憶錄作家的特徵，無疑能套用在地球的每個人身上。不過，許多人探究過去的理由，正是因為有關過去的真實如迷霧般如此模糊空洞。

或者，也許回憶錄作家們的家庭和祖國確實遭受過慘烈的瓦解，是那些與我們相似但傷痕較淺或不大可能提筆書寫的人所不曾經歷過的。奇怪的是，成為孤兒反而讓你能在記憶國度裡自由思考和耽溺，而不會受到外界任何的更正。可是換作那些與我們相似，卻不寫回憶錄的人，一旦他們開始回憶過去，就立刻會有記憶警察，可能是捧著編年相簿、一絲不苟的女性家長，或是在海外作戰的退伍軍人，趕忙插嘴說：「事情的經過不是那樣的。」〔羅伯特．葛瑞夫茲與詩人西格夫里得．薩松（Siegfried Sassoon）隸屬同一軍團，薩松在紐約公共圖書館留下一本《告別一切》，書頁的空白處留下很多質疑葛瑞夫茲觀點真實性的筆記。〕

在我們家，大概在我四歲時，記錄天使就不再定期往相簿裡填東西了；有關離婚、結婚及死亡的證明也從來沒有加以保存。留下的只有傳言和臆測。

瑪麗．麥卡錫在《一個天主教女孩的童年回憶》書中宣稱，將家族鏈結在一起的「集體記憶」，在她父母親去世後就斷了。因為缺乏可靠的歷史，她與弟弟花了一輩子在討論過去，像兩隻獵犬低頭嗅聞著老舊的足跡。在她下筆前，兩人持續不斷的對話，是協助她撰寫畢生之作的燃料。

〔搜尋我們的故事〕特別的困難，為我們提供了一種刺激。身為孤兒，我和我弟弟凱文對於過去有種狂熱的興趣，我們像兩名業餘的考古學家試著一起重建自己的過去，不放過任何一絲新的證據，並試圖將它併入。我們質疑過我們的親緣關係，也否決過我們自己的記憶。整個過程像一場尋寶。

在親身經歷過書寫個人歷史時所產生的不適感後，我不認為大多數的作家踏入這個領域，是為了拿可怕的過去賺錢，或算舊帳，或把剪掉指甲上的肉刺誇大成戰場上的截肢。真相在召喚他們，如同召喚著最優秀的小說家和詩人一樣。對此有所誤解的，並非只有回憶錄作家。托比亞斯．沃爾夫有次曾說道：「小說家的多愁善感，無論是通過名不符實的歡慶或虛有的憤世嫉俗來表達，都不過是心靈的一個謊言。」大部分回憶錄作者創作的動力，都來自於個人深刻體驗到的心理原因。就像葉慈所說的，「瘋狂的愛爾蘭將我刺傷成詩」，因此我們大部分的人也都是因為受過傷害才寫起回憶錄。

我所認識的回憶錄作家們，都不會完全照實細寫，以防親族的控訴，或避免他們在「歐普拉」脫口秀上被揭開真面目時面紅耳赤。**對大多數的作家來說，瞭解真相比他們如何寫出真相來得更重要；他們窮其一生探究過去——衡量、追問、在往日裡四處挖掘，即便其他同伴已選擇忽略**，或是編訂私人版本的生平大事記，並在當中扮演英雄。

凱薩琳．哈里森因心靈上的創傷，促使她寫出近代最勇敢的回憶錄之一，不料竟因媒體報導而再次受創。（我想不到有任何人曾受過如此嚴酷的公共鞭刑。）*她犯了什麼罪？在《罪之吻》這本著作裡，她打破了一個世界通用的文化禁忌——二十歲時，遭失散多年的牧師父親誘姦，進入了一段她稱為與父親外遇的關係。

在選擇徹底消化崩裂的過去中，一種對是非分明的饑渴啃食著、占有著哈里森。她撰寫這本回憶錄背後的動機值得深入探討，畢竟她為了揭發過去而付出極高的代價，她所遭遇到的那些人身攻擊是我見過最惡劣的。

我斷定哈里森的理由，跟那些我們長期崇敬的回憶錄大師相同，如理查．萊特、瑪麗．麥卡錫、及弗拉基米爾．納博科夫，只為了把故事說對。

跟一些回憶錄作家一樣，哈里森最初是用小說形式來述說她的故事，她事後懊悔並稱那些著作不實，而且感覺在道義上必須導正。在《罪之吻》前，亂倫這個主題就已經隱藏在她前三本小說中。不過，讓她特別惱恨的是，她在第一本書裡把「那個女兒」形塑成純真無辜之人。

從許多方面來說，我寫《罪之吻》是為了回應我第一本小說《血濃於水》（*Thicker Than Water*），那本書被視為是自傳。書裡的女孩伊莎貝爾跟她父親有了外遇，不過伊莎貝爾比那時候的我年紀更輕。她比較被動、甜美，比較像一個受害者。當我寫完的時候，我真想否認它。我覺得我背叛了自己的過去。我的不誠實，使我這些年來極度地痛苦。

對哈里森而言，小說不僅沒有使過去發生的種種更聚焦、清晰，反而模糊得更嚴重。把故事說對的渴望驅動著她——是唯有以無情的審查才能水落石出的那種正確。

哈里森認為小說篡改了她的故事，「我順從了文化，緘默不談亂倫」。那些以為作家可以隨意切換開關，基於社會便利性而從非小說跳到小說的人，你們恐怕要失望了。事實上，你的心理傾向決定你的故事適合的模式，與你的天生的性格息息相關。

當然，小說可以誠實到近乎冷血，或者在鏡面塗上凡士林、製造模糊。一位實力堅強的小說家，能夠戴上面具講述更大的真相。有一回，我建議唐·德里羅撰寫一本回憶錄，遭

＊作者注：哈里森著作出版的前一年，邁克·萊恩（Michael Ryan）發表了《祕密人生》（*Secret Life*），描寫性成癮症驅使他對自己指導的大學生下手，而且孩童時期就會找家裡養的小獵狗發洩。這本書獲得許多稱讚，甚至還登上《紐約時報書評》的封面。在戰爭回憶錄裡，即使是轟炸家鄉的男作家，也不曾像哈里森這樣糟書評狠狠攻擊，幾近身敗名裂。一名被起訴的男人最後可以是廣受好評的。

到他極力反對。馬丁・艾米斯（Martin Amis）也寫過回憶錄《經歷》（*Experience*），描寫他的作家父親金斯利・艾米斯（Kingsley Amis），只為了滿足「就這麼一次，一種不帶詭計說話的渴望」。有些主題不能用小說呈現。哈里森為了讓自己從亂倫這個議題中獲得自由，轉向了回憶錄。「那不是一個決定，而是一個無助的行動。」

創作這本書之前以及過程中，哈里森花了五年的時間做精神分析。一般作家不會為了寫一個自己當主角的美妙床前故事去承受那種過程，而是為了找出天殺的到底發生了什麼事。當哈里森對丈夫宣布要撰寫回憶錄的計畫時，他的反應是，「我感覺化療開始了」。為完成這本書，她每天埋頭苦幹十六個小時，整整長達六個月。「在療程中，我看到那扇窗開了，但我不知道它還會敞開多久。」

許多書評家斷定哈里森寫作的動機是為了斂財，可是假如你扣除她在寫書之前，為了分析心中的故事所進行的強制治療的開銷，那麼她去速食店炸薯條可能會賺得更多，而且也可能比較好玩。

話又說回來，既然是出於私人理由寫書，那為什麼還要出版呢？

想要理解這點，你必須對強暴或亂倫的生存者懷有一些同理心。作惡之人透過慚愧與沉默，企圖讓其他人也將她視為共謀。哈里森告訴我，「我本來應該永遠閉上嘴巴的。」她要麼出版這故事，不然就與誘惑她的人繼續同謀關係，但這樣的關係實際上是與誘惑者聯手傷害她自己。出書只是一個讓哈里森取回「剩下的我」的辦法。

若想探討作家需要拿出多少勇氣來完成一本書，哈里森可算一個研究案例。從第一頁開始，你就可以聽見她的決心，她十分仔細且堅定地審查年輕時的自己；起碼在我眼裡是如此。敘述的語調帶有殘酷的分離感，那是一名受精神創傷的女孩在強暴過程裡會出現的解離狀態；或者，像某名無期徒刑的囚犯從鐵面具後說話。就精神層面而言，這語調顯得合適。

我們在機場會面。在我們不曾去過的城市裡會面。在沒有人認得出我們的地方會面。

> 其中一人搭飛機，另外一個就開車，然後出發到某個目的地。後來，我們開始去有些虛幻的地方：石化森林國家公園、紀念碑山谷、大峽谷……就像拍攝遙遠星球的衛星照片所呈現的，既荒涼又美麗，既悶熱且野蠻。在那樣的景象環繞下，我的父親會用雙手捧著我的臉，抬高我的下巴，親吻我閉上的眼睛、我的喉嚨。我感覺到他的手指伸進我後頸的髮絲裡。我感覺到他溫熱的氣息在我的眼瞼上。有時候我們會吵架，有時候我們會哭泣。道路總是在我們的眼前和身後永無止盡地延伸，使我們跳出了時間與空間。

她沒放過自己——寫的全是「我們」會面、「我們」吵架、「我們」哭泣。她描寫的是做為一個成年人的選擇，而不是一個女孩被槍指著腦袋而被迫做出的選擇。

無視於這段文字的精確和優美，《浮華世界》的資深主筆席納耶森（Michael Shnayerson）反而批評哈里森只是個不夠淫穢的「挑逗」。這是一本充滿傷痛的書，但沒有露骨性愛的描寫——就這個主題而言，是不可思議的成就。（實際上，《罪之吻》書中肉體暴露最多的場景是，哈里森的母親漠不關心地站在婦產科的診床旁邊，讓男醫師利用各種尺寸的假陰莖奪去哈里森的童貞，以便她能配戴避孕隔膜去上大學，而不會像哈里森的母親一樣在十七歲就懷孕。）席納耶森在〈行為不檢點的女人〉（Women Behaving Badly）這篇文章中，訓斥我們這些勇敢寫出關於性侵害或精神創傷的女人們。

《華盛頓郵報》的強納森．亞德利（Jonathan Yardley）寫了三篇文章痛批哈里森：「這本書算準了時機，以諂媚、令人反感、俗氣、憤世嫉俗的姿態，享受出版界眾神關注的視線。」他不單是指控哈里森捏造謊言（「哈里森宣稱」），還心懷謀財的動機：「這個告解不是出自內心，而是錢包。」《新共和》（*New Republic*）雜誌的詹姆斯．沃爾科特（James Wolcott）則批評這本書讓哈里森的三個孩子也遭遇到跟母親一樣的侵害。（事實是，哈里森和丈夫選擇趁著孩子還很小，不懂得媒體騷動的時候發表這本書。）席納耶森和亞德利、還有認同他們的人，全都用傲慢及道貌岸然的口氣進行批判，就像當年夏綠蒂．勃朗特（Charlotte Brontë）*所寫的小說被認為情感過於氾濫而遭指責：「她竟然敢這樣寫！」

＊編注：十九世紀英國作家，著有《簡愛》。

讓我難以理解的是，為何能有人閱讀哈里森的故事卻對書中的女兒沒有一絲感覺，尤其當作者將自己全盤托出，毫無粉飾之情。書中的父親不僅脅迫一個迫切渴求父愛的年輕女子與他發生性行為，甚至還主張女子永遠屬於他的，因為被他染指了：「在我做了這種事以後，不會再有人想要碰妳。」（他其實希望女子能懷他的孩子，那麼嬰兒的四分之三都是他！）你怎能期望一個經歷過這種衝突的女人保持沉默？

哈里森也許是為取回她自己的未來而寫，但是，藉著打破關於亂倫的沉默，她無疑拯救了其他無數人。與其毀謗她，評論家其實應該頒給她公共服務獎。

第十九章
給遭遇瓶頸的新手一點老派技巧

沒錯，我感覺渺小。打字機看起來比一架鋼琴還要大，而我比一個分子還要小。我可以做什麼呢？我喝下更多酒。

——亞伯特．桑契斯．皮紐（Albert Sánchez Piñol），《剛果的潘朵拉》（*Pandora in the Congo*）

在創作時遇到瓶頸，真的很難繼續下去。許多新手只需要不斷埋首苦幹，讓手不停在紙上奔走直到有進展就行了。有些人力推寫作練習，但我不相信這一套。我會鼓勵你找一些能動腦的事情做做，持續學習技術。也許試試幾個讓我持續寫作的方法，這也是我從前輩那學來的；其中有一些包含用筆寫字。這樣做，能讓你的腳步慢下來，這是打字時做不到的。

1. **隨身攜帶筆記簿**：抄寫你喜愛的詩句或一大段散文。沒有其他更好的方法能教你一位偉大作家的遣詞用字。此外，你還可以隨時記下自己的靈感。

2. **為一家雜誌或網站撰寫文章的讀後感或批評**——這能訓練你有紀律地尋找證據支持你的觀點，並成為更敏銳的思考者。

3. **每天寫一篇閱讀日記**：寫一頁帶著引文的評論，表達你支持的觀點。你不能只是說：「聶魯達是個超現實主義者」；你必須引述他看著洗衣機說：「骯髒的淚水從那裡緩慢留下」。然後你得查尋一些東西來定義何為超現實主義。

4. **在三乘五英寸的索引卡上速記你看到的引言**——左邊寫作者名、右邊寫出處及頁碼。〔史丹利．庫尼茨（Stanley Kunitz）大概在一九七八年教我的。我現在手邊有好幾千張，通常會從中拼湊出教學內容。〕

5. **卡住的時候，背一些詩句。**詩人會教你什麼是經濟實用，別浪費讀者的時間。

6. **給書中反覆提到的人物寫信，甚至是已故的人。**透過寫信，將會讓你更能掌握風格，懂得如何為每一位聽眾以不同的方式呈現自己。這比上一整年的課還管用。

第二十章 《櫻桃》與《重生之光》裡的重大翻轉

觀者影響外在景象，在今日科學探究的各項領域裡，都被視為理所當然的概念；但人們仍須清楚它真正的意義是什麼（或不是什麼）。它不意味著「無論如何，一切都是主觀的」，於是也不再有明確且真實的說法。

——羅伯特・修斯（Robert Hughes），《「新」的震撼》（*The Shock of the New*）

警告標示：幾十年來，我的聽眾都會仔細提問有關我第二及第三本著作——《櫻桃》及《重生之光》當中，那些像雲霄飛車的反轉。我對他人的反轉瞭解不夠深入，難以落筆。以下有些是我在自己其他著作中的內容，雖然重複自己很討人厭，但此處非提不可。無論你是否有心習藝，假如你無法再忍受一句有關我本人著作的論述，請自由跳過，直接進入下一章。

我在寫第二、第三本書時，對自己的過去不再心慈手軟，那是我在寫《大說謊家俱樂部》時不曾做到過的。在這兩本書中，我重審了自己的少年與青年時代，不斷敲開各種漏洞，挑戰沒有任何根據的陳舊觀點。

在《櫻桃》的第一章，我描寫我與老爸揮淚告別的場景。當時，我身處滿是衝浪者和擁擠人群的卡車，即將前往去加州。這輩子我始終依賴著一個根據活著，那就是老爸在我離開家的十年前，就已經拋棄了我。所以，我四處尋找可以向讀者展示他拋棄我的那個場景，也許當我找到的時候，眼角還會泛淚。

但是我根本找不到任何可以表現他拋棄我的場景。我工作時，他會拿一盤用鋁箔紙包好的晚餐來；他會自願在隔天早上幫我做早餐，或者帶我去抓松鼠或釣魚，而我拒絕了他。我才是那個把他的手從我肩上甩掉的人。我才是那個對母親在科羅拉多度假時，跟一名牛仔調情這件事閉口不言的人。我才是那個即將要遠走高飛去加州海岸的人。

當然了，他酗酒無度，在感情上的克制使他變成倔強且沉默的人；而且他對母親的瘋瘋癲癲視而不見，沒能保護我們不被她傷害。可是，他從來沒有在答應要接我、然後沒出現過。還有當我離家時，他惱怒得不得了。

這個徹底的反轉讓我大吃一驚。我幾十年的心理療程都在談論他對我的遺棄，而且他真的在我才二十五歲的時候，就酒醉到從酒吧的高腳椅跌落。可是說他曾經拋棄我，簡直是存心誣衊。這根本是一個我為了減輕自己離開他的罪惡感，講給自己聽的便利謊言。

另一個在《櫻桃》一書裡被戳破的泡泡，就是長久以來我一直堅信自己青少年時超級聰明，是個學霸。但四處搜尋後，我發現根本找不到任何相關證據。我高一後就放棄高級數學了，而且我很爛，文科拿了個「D」。我每讀一本好書〔《安娜・卡列尼娜》（*Anna Karenina*）〕，就看十本反主流文化的垃圾書〔艾德瑞奇・克里佛（Eldridge Cleaver）的《冰上靈魂》（*Sould on Ice*）或艾比・霍夫曼（Abbie Hoffman）的《偷這本書》（*Steal This Book*）〕。

如果我並不聰明，那麼我這印象哪來的？好吧，比起那些我跟著鬼混、後來同居的販毒者——有的坐過牢，有的年紀輕輕就死了（死因：持刀械鬥、愛滋病、腦部中槍、在車庫二氧化碳中毒），我是一個天才。不過，最主要的原因應該是我崇拜有知識的人，我最要好的女生朋友就是全校最聰明的。她，還有兩個我認真交往過的男生，都在重要的大考中拿下了高分，而且信箱塞滿獎學金通知函。我只是假裝自己是個聰明人而已。

這一次的反轉，大大地豐富了我的內容，因為它揭露了我在自己想成為的人和真實的我之間有一道裂隙，那可是內在衝突和情節的材料啊。

整整十年，《櫻桃》一直是我腦中的芒刺，我想拿它填補我在回憶錄規範裡看到的洞。女孩不寫高中時期關於性的內容——除了侵害或異常的狀況，她們也很少描寫青春期；許多人直接從童年跳到大學時期。

男人成長過程的回憶錄則塞滿了青春期的叛逆，包括早期的情欲——在《安琪拉的灰燼》裡，法蘭克·麥考特不斷「騷擾」（interfering）他自己，並被年紀較長的女人誘惑；

孩童時期的哈利．克魯斯在門廊底下跟年齡比他大的女孩性交。法蘭克．康洛伊在圖書館偷看站在書架後面的一個女孩，當他瞥見胸部時，世界「突然和諧」了起來；他用如詩的文字避開了色情，可是卻把一個自慰的場面從一開始的溫柔變成可怕的。

在細心呵護下，我做了需要的調整，接著探入我自己。哈囉老朋友。荒野裡的同伴。送禮物的人。

我移動了幾本書，然後找到了她，又或者說找到了部分的她，穿著白色棉質衣服的脖子和胸部……在這種狀態裡，一個人可以用神祕主義者清澈的眼來看世界。一個乳房，一個手腕，一個彎曲的臀，都變成純粹的影像，直接傳輸到大腦最柔軟的部位。

正當他極度專注時，突然看到那女孩正傷心地哭泣著：「我從偷看的洞孔往後退，彷彿有支針刺進了眼球。」

在〈失去我的櫻桃〉這一章裡的畫面，展現出他在過程中的轉變。

她的陰部不再只是一個入口，讓人刺入以探求更深、更有觸感的神祕。她一下子，變得滑溜——一朵芬芳的花，何需再尋。

之後，我靜靜躺著，目眩神迷。

不過，在我所欣賞的女性回憶錄作家的作品中，我找不到可以相提並論的段落。她們直接省略欲望——青春期和自慰草草帶過，性愛則在描述中於適當的年齡來到。

除了異常的狀況——瑪雅．安吉羅在《我知道籠中鳥為何歌唱》中描寫童年的性侵害，而她覺得「好的部分」使她背負罪惡感：「他抱我的方式之溫柔，我好希望他永遠不會放開。」但是，那只是他暴力強姦前的伎倆：

接著是疼痛。即使當所有感官都已四分五裂，仍持續擊破並侵入。在一個八歲女孩的

> 身上施行強暴的行為，就像把駱駝穿過針孔。那女孩屈服，因為身體能，而侵入者的思想不能。我以為自己死了。*

她的罪惡感讓我感同身受，而因為我確信她是無辜的，所以也幫助我反思也許自己也一樣無辜。「弗里曼先生無疑犯了非常大的錯，可是我相信自己也要負責任。」（強姦犯提早獲得釋放，然後有人發現他被踢死在屠宰場後面，那時我感到一股令人作嘔的正義感。）

然而，當安吉羅上了大學、跟一名男生上床的時候，書裡卻沒有任何敘述。凱瑟琳．哈里森也不曾以任何文字描寫與大學男友間的親密，和她自己對性愛的回應。

瑪麗．麥卡錫在《一個天主教女孩的童年回憶》中曾談及與一名已婚男子上賓館，但展現出來的情欲，還不如她買書的時候興奮：「這個舉動讓我極度地興奮。這是我第一次用自己的錢買下的第一本昂貴的書。」

> 我逐漸對他的親吻感到有點厭煩，一點也不令我興奮，也許是親吻的方式總是一成不

變……我只是心理上早熟，而且擔心失去貞操，這倒不是因為道德上的理由，而是怕別人覺得我「輕浮」。

在《我如何長大》（*How I Grew*）當中，麥卡錫失去了童貞，跟男人在車裡親熱的時候，她也完全沒有性欲：

> 我瘋狂地感到興奮，但不是性欲上的。當時我沒有察覺到，精神上的性刺激與生殖器官的性刺激有所不同。這後來造成許多誤會……事實上，他開始鼓勵我坐起身來仔細觀察他硬挺的器官，在我看來有種排斥感，整個脹紅、略帶紫色……至於實際的穿透，我完全不記得了。彷彿我被注射了麻醉藥一樣。

這段文字顯得疏離，而且充滿臨床醫學的術語——「生殖器官」和「穿透」。我猜想

＊譯注：這是轉用聖經的一段話——「我誠實告訴你，富人要進入天堂其實很困難。我再說一遍，一隻駱駝穿過針孔都比富人進入神的國度還要簡單。」Matthew 19:24：Truly I tell you, it is hard for a rich man to enter the kingdom of heaven. Again I tell you, it is easier for a camel to go through the eye of a needle than for a rich man to enter the kingdom of God. 安吉羅拿針隱喻女孩的身體。

那是因為她生活年代的關係，不過我就是無法找到任何勾勒她的身體的線索；一切就像大約六〇年代時，在健康教育課上放映給我們看的性教育影片。

動筆寫《櫻桃》時，我已準備好顛覆那些缺乏以熱烈情感書寫青春期的作品，因為來自較保守年代的女人習慣掩蓋欲望。

然而，在我下筆的那一瞬間，我就看到了問題。我們的文化裡，男性的青春期是大肆慶祝的——所有的搖滾樂，都在鼓舞男生抓住他們的胯部、猛撞麥克風，做為繁殖下一代的提前演練。而且男性擁有一些很酷的幼稚名詞——升旗和肉棒，這讓他們的語調充滿性欲，其實怪異地幼稚。而女人在這方面沒有同等的文字。以青春期前的女孩為例，標準的命名聽起來就是極其不正確。我原本想用來表現青春期感受的寫作，後來像是某個蘿莉塔在勾引戀童癖。

後來我搞清楚了：因為我一直在寫作，於是無意識地把三十多歲的性欲，重疊在孩童時期的我身上。那些感受讓我覺得「不真實」，因為的確不是真的。我所忽略的是，對被愛的那份朦朧、粉飾的癡迷，早已佔據了少女時期的自己——所有多愁善感又浪漫的普遍級敘述，構成我早期幻想的基礎。對男生癡迷，並不代表對性痴迷。我並沒有幻想自己被搗成酪梨醬。反而是想像那個我喜歡的男生，在溜冰場的雙人溜冰開始時，帶著一朵紅玫瑰花過來邀請我。

那場面多麼不性感——怎麼看都不酷。然而，這卻成了我的挑戰，透過在筆記本上寫十次某個男生的名字，或者在足球場上盯著他瞧的景象，來製造類似出神的狀態，想像著他會跑過來給你一個擁抱。

最後，我順著當時靈感降臨的形式，用詩詞、隱喻的手法來捕捉青少年早期的欲望；文字間沒有任何情色，卻帶著巨大的情感張力。此外，我選擇了《櫻桃》這個帶有諷刺意味的書名：由於家庭的動盪及兩樁童年時期的強暴，我覺得自己早在對的時機之前喪失了天真。但是，我寫得愈多愈發現到，天真其實從來沒有離開過我，假如你把天真當作信仰的能力——尤其是對愛的信仰。以希望和甜蜜的想望來說，曾經屬於我的，過去一直都與我同在——就某種程度來說，現在仍然如此。

在寫《重生之光》時，我也陷入同樣的困境，讓現在的知識遮去關於過往的清晰記憶。回顧我的婚姻時，我就是無法擺脫離婚的色彩，於是我一遍又一遍寫下同樣的東西，雖然沒有捏造事實，角度卻不斷偏斜。起初，他在我筆下是完美的，而我則是個醉醺醺的蕩婦；接著我又把他寫成冷冰冰的白人新教徒，我有一顆溫柔的心。這些對於我來說，在情感上都不是真實的。我一度十分絕望，甚至考慮把預付版稅還回去，若是這樣就我必須賣掉公寓。

我每天都祈禱能瞥見一絲真實的曙光，七個月後的某一天，當我結束冥想後，一個清晰的景象閃現：年輕的我們熱戀著，我們在相遇的第一週趴在輪胎上，順著佛蒙特州的一條河漂流而下。我們曾如此溫柔。這份記憶帶來一陣刺痛，我一直避而不談我們曾經多麼相愛且滿懷著希望，因為用膚淺、滑稽的文字描寫我是多麼糟糕的妻子，還比較容易。

愚蠢的希望，寫起來是最令人心痛，那裡滿是幾十年來我們孜孜以求的荒謬構想，是死胡同，是讓人失足的懸崖。**若你發現自己有一段時間裹足不前，也許試著驅趕自己朝你當時所希望的方向走。試著問自己：是否把捆著當下的自我回到過去，藏住了真正的故事。**

第二十一章 回憶錄為何會失敗

我最後一個記憶，是校長的臨別感言：「那麼，再見了，葛瑞夫茲，記得你最好的朋友是紙屑簍。」時間證實這是一個好的建言……很少有作家像我一樣，寫一本書要打這麼多草稿。

——羅伯特．葛瑞夫茲，《告別一切》

大多數回憶錄失敗的原因都在於「語調」。語調不夠獨特，聽起來就不夠生動或扣人心弦；語調過於死板，則無法表達情緒。然而，太沉著或太興奮，都會毀了閱讀。句子沉悶無聊、沒有新意，或是前後矛盾，分不清楚是誰在講話，或者那些話來自何處。你不會相信那個聲音。你對於作家的內在或外在生活一點也不好奇。

我們生活在圖像化的時代，身為回憶錄作家，學會以感官化的寫作方式勾勒出模糊的實體世界，喚起令人回味再三的感官細節，真是再容易不過了。許多寫作指導手冊都專攻實體的部分，單純因為你可以掌握它。但是，極少有教科書討論一名回憶錄作家如何將內在生命呈現在紙頁上。在更為引人注目的視覺媒介中，例如動作影片，內在生命得不到多少鏡頭——頂多是在心理醫師診間的一幕戲，或是穿插一小段內心獨白。回憶錄若想與電影這類令人眼花撩亂的視覺影像一爭高下，只能從那些媒介形式無法勝任的部分著手：描寫一個由內而發、更加深切的瞬間。

你在尋找那名會幫助你架構整本書的敵人。我總能隱隱察覺它的蹤跡，最後透過一次又一次的回想，寫出內在的煩惱、告解、和渴望來找到它。它也許要等到你寫完第一次草稿後才會現身。一旦我找到它，我會把它當作骨幹重新修訂文稿——書中的自我如何隨著時間，一步步地與內在的衝突和解。那些一路伴隨的挫折與困境，最後應該導向一個蛻變的自我。

回憶錄失敗的另一個原因，就是敘述者並沒有跟著時間改變。沒有變化或缺乏深度的人物太容易被看透。如果在現實生活中，壞人總是一直這麼壞，我們可以直接避開他們就好。但是，有時候可惡的人會變親切或感到抱歉，或者他們的道歉聽起來非常誠懇，讓人很難不會一而再、再而三地上當受騙。那些在成長過程中，家裡有善誘的自戀者的回憶錄作家都清楚，他們不是用霸凌俘虜你，而是莫名地讓你在私底下對他們產生同情。所以你就想像自己是他唯一的紅顏密友，可以傾聽那個人內心的苦惱；他需要你的效忠，而你也不斷地給予，即使殘酷的證據一再證明，這麼做只會讓你陷入險境。

膚淺的報導文學通常來自於心理自我意識的缺乏；敘述者總是一味地堅強冷靜或自我犧牲，要不然就是隨時能夠不加思索地譏諷或裝出聰明絕頂的姿態。最糟的是，這些人物既陳腐且容易預測——偏偏生活往往不可預測，而藝術絕對不容預測。

最讓人覺得糟糕的就是那種「鞭打型」（butt-whipping）回憶錄，如今俯拾皆是：「我被打了屁股。站起來後，又挨了一頓。可憐的我，等一下又要被打了。」偉大的猶太集中營回憶錄不只是描寫苦難深淵，同時也有希望和智慧，以及各種形式的心理耐受力和好奇。那些書似乎是為幫助我們了解複雜的事物而寫，並非用重複的淒涼來證明單一的觀點。一本只關注一件事的書——例如《我是青少年性奴》（*I Was a Teenage Sex Slave*），可能含有淫穢的意圖，但是除非那件事極端戲劇化（一場戰爭或一所集中營）或描寫手法多變，你不會想要再讀一遍。

除非有政治方面的動機（如羅伯特．葛瑞夫茲或理查德．賴特），否則充滿忿忿不平的書會令人生厭，以復仇為目的的書不值得一讀。你知道作家為了表達自己的觀點，會不惜改變每件事的本來面貌。

另外，**一本回憶錄還可能因節奏問題而失敗**。在講述戲劇張力強的事件上跳得太快，然後在陳述索然無味的信息時像隻蝸牛般緩慢爬行，或者突然離題。

你與事件的距離如果太近，可能會讓讀者喘不過氣來。如果距離拉的太遠，當關鍵的一幕快要登場時，又會顯得過於隨性或輕挑。

一篇描寫一個沒有出櫃的男同性戀作家的文章，在接連幾頁有關恥辱和恐懼的敘述後，他即將第一次跟人上床。他去迪斯可舞廳，被人搭訕，在吧台親熱，然後——終於——把對方帶回家。後來的結局是，作者跳出先前的場景，開始詳細說明他的博士論文，然後結束整篇作品。你當然可以省去露骨的場面，不必一定要像色情片一樣近拍一場性愛。可是精神上的急轉彎——沒有描寫那個行為如何影響說故事的人——則是沒有兌現作者事先花了好幾頁向讀者許下的承諾。

在最基本的層面，糟糕的句子會製造出糟糕的書。詩人羅伯特・哈斯（Robert Hass）曾教過我，藉由改進每一個句子，就能寫出一首完全不同的詩。於是我修訂、修訂、再修訂。任何一位跟我合作過的編輯都可以告訴你，我最初的幾份草稿有多爛。修訂是為了釐清和激起讀者的情感，讓它們經歷我所經歷過的。

在《重生之光》裡面，我有一章的草稿是這麼開頭的：

母親開著我們那輛黃色旅行車載我去上大學，每天晚上我們都在投宿的假日酒店裡，喝螺絲起子喝到酩酊大醉。

這只是信息而已。跟自己的母親一起喝醉，暗示著一個情感問題，卻沒有內心戲或衝突。除了黃色的車子之外，也沒有任何感官性的敘述。螺絲起子暗示著麻煩，卻沒有真的捕捉那次旅程的情感意義。最重要的是，這裡沒有場景，純粹只是陳述一些信息。那就是我開始創作時所能做到的。

所以，我是如何把乾巴巴、宛如簡短摘要的草稿一號，變得更加豐富？靠的是記憶，對於當時的具體記憶，一個有血有肉的事實。那部旅行車原本沒有空調，所以母親裝了一個掛在儀表板上的便宜貨。那台機器會囤積蒸餾水，所以每當母親急右轉時，冰水——略為芬芳的化學冷卻劑——就會潑在我的光腳上。被冰凍的冷凝水澆到的瞬間，就像一次洗禮，奇蹟般地浸透我的身體。記憶之眼彷彿突然間睜開了。

許多類似的場景，都以鮮明的現在式來到我面前。我低頭看看那雙我在加州買的大號竹底夾腳拖，兩條天鵝絨的鞋帶因冷水而濕透。而我又坐在那部車裡了。我可以看到母親戴的圓頂紳士帽——她稱為「皮條客帽」；她在休士頓也幫我買了一頂。她手腕上戴著的那條銅手鏈已經變綠，因為有人告訴她戴著可以舒緩手部的關節炎。接著出現另外一個感官記憶：我聞到桃子的味道，我們在阿肯色州買了一大籃放車上；還有伏特加的味道，來自母親一路狂灌的螺絲起子。

接著，一個片語浮現在我腦海——桃子大豐收（peaches galore）。母親說我們有了桃子大豐收，我接著回道，那不是某個脫衣舞者的名字嗎？然後母親說，那個是妹妹大豐收（Pussy Galore）。她說「妹妹」的口氣，就像她狼吞虎嚥吃桃子的野蠻樣般令人退縮。而且我記得，當時覺得自己像是跟她關在一起——就某種程度來說是一種奢侈，畢竟獲得她的關注相當難得。可是，我也記得自己想逃走。那些矛盾的渴望成了那一章的情感燃料。

記憶如成群結隊的蝙蝠般，從往日奮翅朝我撲來——我為她朗讀一本早年英文版的《百年孤寂》。那本小說被我放進了書裡，還有那段關於「妹妹大豐收」的句子，那頂圓帽也客串出現。不過，那銅手鏈和空調都在書中消失了。書中還有愛荷華州那片整齊且富饒的玉米田，那些蓋著白色大房子的富裕農場，都是我真正渴望走進的那一種美國風景。它跟我骯髒的家鄉截然不同，與母親在「黑色風暴事件」（Dust Bowl）*中度過的童年形成鮮明的反差。

那時候，玉米田正好是符合我所憧憬的生活的一個象徵。擁有正常童年的人，也許會害怕那些整齊重複的排列。但對我而言，它們看起來像是一種可以帶來舒適的秩序。因此，我就用那個影像做為章節的開頭。

母親的黃色旅行車像大富翁裡的一個標誌，穿越愛荷華玉米田的灰色道路，玉米田滿是葉綠素的綠，遠處巨大的銀色穀倉閃閃發光，沒有生鏽的拖拉機則漆著褐紅色。母親告訴我她童年時期經歷了「黑色風暴事件」，那些德州西部的自耕農從麻袋中取出的少量種子，是貸款買來的。反觀眼前的這些農夫，卻是如此的富有。

我當時十七歲，因對能否融入校園生活而憂慮地咬著指緣，而我們那天晚上就要抵達那所大學了，出於某種憐憫與盲目而收留我的大學。同時，因為母親和我前一晚在堪薩斯市過夜，在隨意命名的假日酒店裡猛灌螺絲起子，所以我宿醉得頭痛欲裂。因此我對母親說了一些話，像是：夠了，別再抱怨妳那爛透的青春了，從出發到現在，妳已經講八百萬遍了。

這段內容含有一個實體的描述，把那部車比作大富翁裡的一個標誌，這是唯有在想像中我才具備的觀察角度。另外一些則是感官性的事實：身為女孩的我有宿醉和指緣咬痕。除了初期草稿透露的，母女二人在晚上一起喝醉酒的資訊外，這一段也提供之前缺少的背景資料：

——母親經歷「黑色風暴事件」的青春期
——作者的年紀
——她來自哪裡
——她是個愛擔心的女孩
——她將就讀的大學高過她身份地位
——她不良的高中記錄所帶來的壞影響

＊編注：一九三〇至一九三六年間，發生在北美的沙塵暴事件。

另外，還有一整船的內部信息能協助我們創造情感衝突：

——書中母親的低俗背景遇上對女兒即將進入一個超出這家人資質的優等大學的焦慮。

——女兒告訴母親自己聽厭了她爛透的青春時期，此景顯示出母女之間還算正常的衝突，儘管一個女兒批評母親的青春「爛透了」這件事，在那個時代可是極度違反社會道德。

此外，我還提供幾點解釋自己對真實的看法：

——大富翁的標誌圖像說明，我是從自己成年後的角度想像出這個場景。

——說出「我對母親說了一些話像是」，證明我是重新編造對話，不是直接從日記或客觀手稿進行抄錄。

最重要的是，這一幕表達了最終使整本書得以成形的情感核心。少女時代的我想要像母親一樣——很藝術、很波希米亞。我們一起讀了一本很棒的小說。但想要跟母親一樣，就注定我將變成一個酒鬼、一個感情上的失敗者、一個不怎麼樣的養育者。我的意思是，她每天晚上跟十七歲的我一起喝酒，好似我們是姐妹會裡的姐妹一樣。年少時的我也渴望逃出混亂的家鄉，母親同樣討厭那裡，還責怪是我把她困住了——所以更加重我的憂慮，把她丟在那讓我有罪惡感。我進行文稿修訂，就是想將那兩股矛盾的思緒注入前述的場景中——老爸可能會說，那是兩隻松鼠困在咖啡罐裡。

第二十二章 避開恐懼的不完整清單

簡白的文字寫在簡白的紙上。記住奧威爾說的，好的散文就像一扇玻璃窗。將你寫好的每一頁至少砍掉三分之一。停止建構你那些瑣碎細小的明喻。弄清楚你想要說什麼。然後，盡可能用你最簡潔有力的方式說出來。吃肉。喝血。放棄社交生活，別以為你可以擁有朋友。在夜裡最安靜的時分起身，扎你的指尖，用你的血當墨汁；這可以治好你的挖苦病！

但是，我會遵守自己的建議嗎？完全不會。挖苦是我的「nom de guerre」*。（別用外語表達。那是精英主義的行為。）

——希拉蕊．曼特爾，《棄鬼》

也許你天生有生產文字的天賦、可以下筆如飛，一氣呵成，那這章要等你進入修訂、編排和精縮的階段時，才有幫助。但我在這裡主要是為那些普通的作家而寫，他們抱著故事坐下來，然後心想：噢，媽呀。先寫什麼好呢？

在這一章，我將盡我所能回答這個問題，同時也會提供一些安慰：一時的迷路是沒關係的。如我在別的地方提過的，迷路是找到新途徑的序幕。任何一個充滿好奇心的作家，在每一本書完成前都經歷過一番漫長的遊蕩。你不必在第一天就掌握大部分的元素，你只需要有：

1. 明確的記憶——存在你腦中的實體世界
2. 故事，和講故事的熱情
3. 需要傳達的介紹性信息或數據

＊編注：法語，意思是「化名」。

4.即使好長一段時間一無所獲，仍堅持繼續工作的自我約束力（我通常會花三至五個星期才能找到路，雖然在此之前我已經陷在草叢裡一年了。）

剩下的，你可以一邊寫再一邊想。實際上，只要你開始講自己的故事，那些片段往往會自動歸位。**隨著創作的進行，你要尋找的是我之前提過的要素——一個可以發揮你的天賦的語調和一個內在的觀點，再加上一個串連起整本書的內在敵人。**

作家們都討厭公式和檢查清單。把自己偽裝成能自然引導出美麗篇章的巫師，當然更加有趣得多。但是回頭看看我自己寫的書，我發現大都含有下列內容，絕大多數我課堂上分享過的作品也是如此。

我的清單如下：

1.描繪一個運用到所有感官的具體現實，把它置於你所寫的那個時空，那必須是個獨一無二的迷人之處，充滿我們信任的事物與角色。應該納入敘述者的身體或某些肢體感知的元素。

2.講一個故事，讓讀者對你的身份背景有所瞭解，同時展示一下你的才華。我們的記憶都是故事。對於一個作家來說，故事就是你的起點。

3.把有關現在的自己或背景故事的資料打包，讓它化為情感上的衝突或場景。

接下來的這些屬於內在的部分：

4.設定感情賭注——為什麼作家會對處理過去產生熱情或迫切的需要——也許這是內在敵人的提示？

5.思考、琢磨、猶豫、猜測。展示你自己如何衡量什麼是真、你的幻想、價值觀、計畫或失敗。

6.前後變換時態。在開頭建立「回首往事」的語調，然後又變成「身在其中」的口吻。

7.在你與真相及記憶的關係上，和讀者達成共識。

8.不要太常使用長篇幅描述你如何受苦，但可以多談談你是如何倖存下來的。以幽默或成人的口吻，幫助讀者度過黑暗地帶。

9. 不要誇張。要相信你內心深處的感受是有價值的。

10. 審視你的盲點——如果沒有提早發現，就在修訂時找出反轉的點。對於你避而不談或緊抓不放的東西都要特別留意。

11.（與上述一切相關）愛護你筆下的人物。問問自己：構成他們的行為及過去形象的基礎是什麼？有時候我祈禱自己能以上帝的眼睛去看待那些讓我氣憤或憎恨的人，這既能挽救文字，也能療癒心靈。

最後鄭重警告：讓你的天賦引導你，也許它會使你駁回我全部的建議。

第二十三章 麥可·赫爾：在堪薩斯開始，在奧茲國結束

噢，回到零點，大師說。
利用房子周圍的一切。
讓它看起來簡單又可悲。

——史蒂芬·鄧恩，〈造訪大師〉

一、他做了什麼

戰爭回憶錄《戰地報導》是麥可·赫爾的奠基之作，即便讀者沒喜歡上他在這本書中

塑造的口吻，也一定曾以電影觀眾的身份，喜歡上他在《現代啟示錄》（*Apocalypse Now*）中令人難以忘懷的旁白，或是後來他為史丹利．庫柏力克（Stanley Kubrick）所導的《金甲部隊》（*Full Metal Jacket*）所寫的劇本。這兩部電影皆與他的《現代啟示錄》相呼應：

我已經殺了多少人了？我很確定的有六個。距離近到他們的最後一口氣是呼在我臉上。但這次是一個美國人，而且是個軍官。對我來說，這本該沒什麼不同，可我就是感覺到某種異樣。他媽的……在這地方以殺人罪控告一個人，簡直像在印第五百賽車場上開超速罰單。我接受了這項任務。天殺的，不然我能怎麼辦？可是我不知道，在我找到他之後，究竟會怎麼做。

查理並沒有從美國聯合勞軍組織（USO）得到什麼慰問。他挖得太深或移動得太快。他所謂的休息復原就是冷飯配一點老鼠肉。他想回家只有兩條路可走：死亡或勝利。

麥可．赫爾為那場恐怖的戰爭（也許適用於所有可怕的戰爭）創造了聲音，美國人覺得具有催眠性與超現實感。這使他在這種電影類型領域內聲名大噪。我曾聽到他稱這種電影類型為「越南色情片」。

《戰地報導》使謙遜的雪城大學輟學生，登上英文文學界的崇高地位。〔約翰・勒卡雷（John Le Carré）稱它是「我所讀過的書寫我們這個時代中男人與戰爭的最佳著作。」〕越戰時期也許引領了一個屬於謊言家的偉大年代——尼克森在長期否認轟炸柬埔寨之後，最終坦誠確有此舉，還有別忘了水門案。

在一九七〇年代，像我這種在《滾石》或《君子》雜誌上閱讀赫爾文章的孩子，都擁護他為人民英雄；他把幾十年來政府提供我們的越南報導稱為垃圾。敵軍人數被灌了水，這項事實日後在美國國防部部長麥克納馬拉（Robert S. McNamara）的回憶錄中獲得證實。我方的大規模轟炸造成無數死傷，為那個國家帶來毀滅性的浩劫，也再難獲得當地人民信任。（「我們從來不曾執行焦土政策，我們不曾執行任何政策。」）在美國會導致我們入獄的毒品，在越南卻大量發放，而且美萊村（My Lai）屠殺並非單一事件。赫爾對政府的冷嘲熱諷使他成為目標。他甚至用「使命」（The Mission）一詞來形容最高指揮部，諷刺地將軍事目的和所謂神聖的實踐連結在一起。赫爾告訴我們，在越南，不管我們來此的目的是佯攻，救援或者其他，我們始終都是侵略者。

赫爾超乎迷幻的觀察，反而比其他我們聽過的戰爭還要「更真實」；只不過，他的真實是一種新的真實。有時我會思索，到底是不是《戰地報導》在歷史上留下標記，使主觀真相興起，取代歷史和宗教的確定性，也助推當今回憶錄狂熱的趨勢。雖說巧合並非意味著因果關係，但在這裡還是有可能的。赫爾對那段血腥歷史有種獨特的見解，即便扭曲變形的記憶損害了它，但我們對他的信任勝過官方說法，也許是因為他讓人感覺有一半是嗑迷幻藥寫出來的。他沒有政府遣派的軍官那種鋼鐵般的忠誠，而且他對於自身的道德罪過積極反省——即使只是親眼目睹了戰爭——而這也證明了我們全國對這場戰爭感到羞恥。

赫爾表示，《戰地報導》裡面有許多揑造人物及未經考證的事實。（在法國是以小說形式發行。）雖然如此，他最近卻告訴我，沒有什麼比真實性更讓他在意了。他為了寫出真相，幾乎陷入半瘋狂狀態。他的妻子回到家會看到他坐在椅子上，四周佈滿揉成一團的黃色記事頁，聽他開口說，「我終於允許我自己了，允許我一直不情願讓自己寫的某些事情。現在這麼說會聽起來過分自大——那是允許自己說出真相的許可。」

其他戰地記者都是跟著軍隊出去一下，然後匆匆趕回屋內，趕在截稿前拍電報發新聞，但赫爾沒有截稿期限。他在軍隊裡一待就是好幾個月，每天在他的筆記本上寫滿密密麻麻的筆記，捕捉那些至今仍在我腦海中迴盪的對話：「『我們找到一個越仔，原本想扒了他的皮』（一個步兵告訴我）。『我的意思是，他已經死了沒感覺。』」赫爾的天賦在於將那些充滿衝突的聲音交織在一起，從各種角度對比談話的內容，讓溫和與殘暴並肩而行。他說話的方式包括搖滾歌詞、嬉皮格言、黑人英語、軍隊縮寫字和碎嘴鄉巴佬的口頭禪，他渴望把一切編織成章，尋找一個堅實的立足點，可惜他從未真正找到。

能捕捉令人難以忘懷的對話，這種天賦無疑源自於他對陌生人充滿天真好奇的童年。小時候，他喜歡扮演偵探。當同齡的孩子們忙著關注棒球，他卻擅長記住別人說的話：「我是個偷窺者⋯⋯我訓練自己在望向火車窗外的同時偷聽別人講話，而且一字不漏。十二歲的時後，我會四處遊走，跟在回家路上遇到的人身後，甚至跟他們一起搭公車。我純粹想看看他們住在哪裡、怎麼生活。」（《洛杉磯時報》，一九九〇年四月十五日）美式片語的破碎詩感令他著迷，而且他還能在一般人的話語中聽出小小的榮光。

赫爾坦言，《戰地報導》大部分的內容都是拼湊起來的。但他堅持：「即少有對話是憑空想像的。」換句話說，那些震撼我們的聲音，可能是最接近逐字報導的產物，而我認為那些聲音正是他天賦的核心。

此外，說他缺乏歷史研究方法這件事也沒什麼實際意義。我們閱讀赫爾並不是為了確定外界發生的事件，比方說這次轟炸襲擊或次軍營遷移的日期，而是為了分享敘事者體驗過的可怕、困惑、傷心與憤怒的心理歷程。他所報導的景象永遠處在變化之中。他那如碎布縫成的拼貼畫，充滿模糊和虛幻感，你不會再向他要求事實，就好比法庭不會信任一個案發當時正在吸大麻的目擊證人。聽聽他如何挪用了有關我們為什麼參戰的官方說詞，並在結尾點明他為何前往戰地的真相：

〔你應該已經〕聽到一些關於這件事的屁話：心靈與精神、共和國的人民、骨牌效應、透過不斷侵入的恐慌來維持瘋子的心理穩定平衡。「那些全部是屎，兄弟。我們在此是為了殺光越仔。以上。」這對我來說並非完全屬實。我來這是為了看他們殺人。

我們從有關恐懼和瘋子的句子出發，迎來一名渴求殺人的年輕士兵，接著又轉入赫爾黑暗的警覺——我來這是為了觀看——而這又伴隨著極度羞愧的反潮。「你想看，而你又不想看。」

這種道德上的掙扎，塑造出那個我一直嘮叨說明的內在敵人。跟海明威一樣，赫爾踏入戰場，一部分原因是為了滿足他作為一個年輕人對冒險的渴望，一個他日後感覺下流可憎的願望。他希望在場的渴望連累了自己，如果把越戰視為一齣大規模的虐殺影片，那麼他便是透過買票觀看的形式支持了這部片。**目睹死亡，就好像在看「全世界所有的色情片。」**

> 我可以一直看下去，直到燈暗掉，可我仍然無法看著一條斷腿，而不去想原本與這條腿連接的身體其餘部分；或著不去想軀體會擺出的姿態與姿勢……它們被原封不動地拋在原地，掛在帶刺的鐵網上，疊在另一具屍體上，或像雜技演員一樣懸掛在樹上。「看啊，我能這樣做。」

他用一些老兵之間存在的黑色幽默，切掉那場景的戲劇性——像雜技演員般的屍體說著：看啊，我能這樣做。

他渴求尋得的確定性離他越來越遠，每一個場景都覆蓋著謊言和謎；他用「幽靈」（spooky）這個詞來形容，取自當年一首流行歌曲的歌詞。一名士兵神祕兮兮地說道：「幽靈瞭解。」而赫爾不僅讓我們體會到那種濃厚的神祕感，也讓我們感受到圍繞在他身邊趨之不散的陰魂。他沒有模糊或隱蔽事實——關於自己看到的，他把能說的都說了，卻依然無法讓他得到任何確定的答案。他使整件事聽起來彷彿是，從戰爭中存活下來的許多人都是因為抓住了某個單一的真實，例如：「那些人是我們必須除去的怪物」。那些人緊緊抓住這個「真實」，把它當作神祇般供奉，卻把上千個與之矛盾的事實棄若敝屣。

當然，越南的大屠殺當然會激起道德憤怒，尋求指責的對象。然而，指責往往會抹殺深切的悲憫，而就心靈層面來說，唯有悲憫才能帶來深度的療癒。在回憶錄尾聲，成為佛教徒的赫爾對此深信不疑。他永遠無法擺脫自己在戰爭中於恐懼的同時，發現的美麗與快樂——「它摧毀了西方的心靈，」他指出，「這一切遠遠超出善與惡的尋常範疇，上升到另一個境界。」對赫爾而言，戰爭中華麗多變的聲音——無論是美好、慘烈，或富有魅力——

都讓信息的本質保持著流動的狀態。不斷變動的景致，阻礙他找到一個不對某人發怒的道德立場——而憤怒，是悲憫的阻斷物。沒有其他地方比這裡更迫切需要道德判斷，卻也沒有其他地方比這裡更加不可能有道德判斷。

他對年輕士兵的親切是極富感染力的。「我喜歡他們，卻認為自己不該懷有這份感覺。」他說道。他們會做出相當殘暴的行為：「〔他們〕把人丟出直升機、把人綁起來、和放狗咬他們。」可是，同樣那一批年輕人也會幫彼此擋子彈，用他們的身體擋住手榴彈。他們確實保住了赫爾的性命。每當他要逃離時，他們都會為他壓制住敵方火力，護送他上直升機，而自己卻留在原地戰死。他們自願幫赫爾扛背包，或者在濕冷壕溝裡把唯一溫暖的位置讓給他睡（他從不接受）。在整本書的發展過程中，赫爾敬佩、可憐、喜愛和畏懼他們：「我盡可能靠近他們，又不至於真的成為他們的一員；我盡可能遠離他們，只差沒有逃離地球表面。」

赫爾對那些軍人的悲憫——「當一個十九歲的孩子打從心底告訴你，他已經老得經不住眼前的一切，你會有什麼感覺？」——多多少少緩解了他自己和我們的恐懼：

在那裡的人有沒有可能不被陰魂纏身？不，不可能，門都沒有。我知道我不是唯一一個眼前陰魂不散的人。現在他們在哪裡？（現在我又在哪裡？）……可是厭恨只是整個曼陀羅裡的其中一個顏色，溫柔和憐憫是其他顏色……我想，所有那些過去曾說他們只會為越南人流淚的人，如果當那些男人及男孩死去或人生崩解時，他們卻不能為後者擠出至少一滴眼淚，那麼他們從來不曾真正為誰流過淚。

當然，我們可是很親密的，我告訴你有多麼親密：他們是我的槍手，而且我讓他們這麼做。我們掩護彼此，互相幫忙……

說起來這也是一種偽裝，一種反諷：我去報導（cover）戰爭，戰爭卻保護（cover）了我……我到那裡去，抱著粗陋而嚴肅的信條，認真相信你必須能直視任何事物。說它嚴肅，是因為我真的依據這個信條行動，才會動身前往；說它粗陋，則是因為我並非總是知道自己在看的是什麼。可能好幾年後，大多數看到的東西都沒有變成文字，只殘留在雙眼裡。時間和信息、搖滾樂、生活，這些本身並不僵化，而你是。

書裡的沈重氣氛在嘲弄「使命」這齣鬧劇時有所緩和。我讀到他訪問魏摩蘭將軍（General William Westmoreland）時，咖啡都噴出來了。派赫爾去跟他談話，就像把遠見卓識的威廉·布萊克派去匈奴王的營帳。將軍預想，既然赫爾是《君子》雜誌的記者，應該是寫些「詼諧」的文章。

我離開後，對自己剛才談話的感覺是：似乎有個男人摸著椅子說「這是一把椅子」，再指著一張書桌說「這是一張書桌」。我想不出任何問題可以問他。

赫爾嘲弄「官方語言」的本事，可與《第二十二條軍規》（*Catch-22*）中的喜劇天才約瑟夫·海勒（Joseph Heller）相媲美。赫爾會在一開始引用某人的話，然後加入當下的現實，再把觀點捲入他自己的腦子裡，經過他心智加工後，讓我們「聽見」。

他的內在是讀者的基地、直升機的停機坪，每當我們不小心誤入某個嚇人的叢林場景，這位觀察入微的敘述者總會陪在我們身邊。赫爾渴望一個堅實的內在——某種真相——卻無力緊抓住那個真相，於是他像個瞎子，不停四處摸索。

赫爾現在是一名修行頗為嚴格的藏傳佛教徒（就我的瞭解），他最近在電話上告訴我，在越戰之前，他從不知道我們不僅要對自己的行為負責，也要為我們看到的負責。這將讓我們從怪罪或批判他人當中解脫。（這一點與我信仰的天主教所宣認的原罪產生共鳴——我們都是一樣的！）「慈悲的菩薩們因承受他人的苦難而病死。他們祈願來世生在地獄。」（地獄是耶穌在十字架被處死後第一個降臨的地方。）

閱讀麥可・赫爾不僅帶你接觸到我們人類所能做到的殘忍決絕，同時也讓你感受到某種崇高的情操，始終堅定與堅持，並因在恐怖中堅貞不屈而散發光輝。為祖國犧牲既不美好，也不高尚，但在如此黑暗中仍堅持轉向光明的每一個人，都在為人類築起也許是最難攻破的堅固壁壘。

最近，我朋友被檢查出罹患了一種可怕的癌症，他說閱讀《戰地報導》意外地帶給他安慰。我在電話中把這件事告訴赫爾，他為此覺得非常感動。「沒有比這更好的了。我總是告訴人家，『別擔心，會有好結果的。』」。

二、他是怎麼做的

注意：再說一次，這裡精闢的內容是為寫作者而寫，可能會使一般讀者覺得無聊。

假如你拿珠寶匠的放大鏡來看麥可・赫爾的第一章，像詩人審視一篇神祕作品中的詞彙或注釋一樣，逐行逐字分析，就能把回憶錄的主要機件解構出來。我都會要求研究生針對任何一位風格卓越的大師下這樣的工夫——拆解每一個句子，撬開整本書的祕密。

以這種方式閱讀，就發現赫爾的作品匯總了回憶錄全部的關鍵要素。他以感官化的描寫吸引我們，並以撩人又充滿感召力的方式包裝信息。他內在的衝突不曾遠離你——心理危機與內在敵人令整本書融合一致，並賦予我們持續閱讀的動力。大體上，**他創造出一個親密的心靈空間**——那個感知、記憶、分析和思索繁多複雜的心靈，把我們牢牢拴住。你在閱讀的同時，會漸漸發現赫爾就像朋友般，熟悉又令人舒服。

這本書以怪異荒誕的文風著稱，**開篇卻十分普通**——單調的事實記錄，描述一件靜置的人造物品。從叢林返回之後，赫爾研究貼在牆上的古老地圖。這是一處安靜的場景，任何讀者都不難想像。然後，一句接著一句，他逐漸堆疊起出這本書著稱於世的那種如爵士樂般的絢麗結構。

那張地圖具象化了書中的核心焦慮——大多數記者都在想方設法獲得的「硬數據」或「官方資料」，是如何規避真正不可解的謎，即明顯存在於戰爭大屠殺中的人類苦難與尊嚴。幸運的是，赫爾抓住了他的天賦——如詩般的感性及捕捉對話、故事、氣氛的耳力。他把那些冷冰冰的資料留給可信的新聞記者，而讓他真實的天賦發光發熱。

> 我在西貢的公寓牆上貼有一張越南地圖，當某些夜晚，當我疲倦地除了脫掉靴子外不想再做任何事情時，我就會躺在床上盯著它看。那張地圖曾是個奇觀，尤其現在它已不再真實，反而更顯奇幻。首先，地圖非常老舊，是幾年前在此住過的房客掛上去的，可能是一名法國人，因為地圖是在巴黎製造的。西貢濕熱的空氣，使得紙張邊緣扭曲變形，彷彿為圖中勾勒的國土覆上一層面紗。越南按照舊制被劃分為東京、安南、交趾支那等地區。地圖向西穿過寮國和柬埔寨，後面則有暹羅王國。太老舊了，我會告

訴來訪的人，那是一幅相當老舊的地圖。

假如消逝的土地可以像亡者一樣回來糾纏你，那麼它們會把我這張地圖標記為「通用的」（CURRENT），然後燒掉自一九六四年就開始使用的版本。相信我吧，這種事根本不會發生。現在是一九六七年年末，哪怕最詳盡的地圖也沒辦法提供更多的信息了；細究每一寸土地就好像在讀越南人的臉孔，而那簡直像在試圖讀懂風。我們知道，大部分資料在使用時是充滿彈性的，一塊塊不同的土地會告訴不同的人不同的故事。我們還知道，許多年來這裡沒有國家，只有戰爭。

1. 一次探究一個片語。「有一張越南地圖」。如果赫爾在寫《戰地報導》時，受到時下流行的「過分戲劇性」影響，他可能會用某種激烈、開腸剖肚的戰爭場面來揭開序幕。相反地，他利用一個物件和自己對它的反思作為開端。一個「真實的」東西——地圖本該傳達準確性，我們應該能夠藉助它找到方向。這個不起眼的近乎乏味的日常物件，恰好被遺落在他暫居公寓裡，而他便以此開篇。

2.「疲倦地除了脫掉靴子外不想再做任何事情。」赫爾不僅僅只是告訴我們他累了，還提供生動的證據來表示累的程度。這又是一個感官性的時刻，是我們都能理解的類型。

3.「那張地圖曾是個奇觀，尤其現在它已不再真實，反而更顯奇幻。」這是他內在對地圖的自我解讀——它是個奇觀，某種神奇現象，而這正是幾乎貫穿整本書的主題。這句話說明了他對戰爭的觀感：非現實且無解的。

4.「首先，地圖非常老舊，是幾年前在此住過的房客掛上去的，可能是一名法國人，因為地圖是在巴黎製造的。」老舊氣息給予地圖一種特別的光芒——一種心靈價值，如果你願意這麼說的話。我們也看到赫爾的心靈對真相的探索，根據它是「巴黎製造」這條線索，就猜測可能是一名法國人留下來的。這裡是他第一次使用「可能」這個字——一位較誠實的回憶錄作者會用的修飾。他向我們展現他正在運轉的頭腦、他的思慮、以及如何嘗試以有力的證據推斷真相。

5.「西貢濕熱的空氣，使得紙張邊緣扭曲變形，彷彿為圖中勾勒的國土覆上一層面紗。」這又是一個感官性的證據，描寫出西貢的熱帶感。傷感的氛圍悄悄地滲入地圖的扭曲間，一如他為我們述說的這場戰爭將扭曲他和他所見到的人。具體的面紗或薄霧是一種具象的比喻，體現出「靈異」或神祕的意味。有關這場戰爭的所有真相，都被「覆上面紗」，就跟那幅地圖一樣。

6.「越南按照舊制被劃分為東京、安南、交趾支那等地區。地圖向西穿過寮國和柬埔寨，後面則有暹羅王國。」這些過去的地名具有一種異國情調的迴響，而赫爾把它們再次列出來，顯示出他對歷史知識的濃厚興趣。暹羅王國能喚起我這個世代的人對音樂劇《國王與我》（*The King and I*）的回憶。即使你沒有這些聯想，僅憑它是王國這件事，已暗示了一個魔幻世界。

7.「假如消逝的土地可以像亡者一樣回來糾纏你，那麼它們會把我這張地圖標記為『通用的』，然後燒掉自一九六四年就開始使用的版本。」遭亡者纏身，是本書的一個心理上的驅動力，而這裡也是赫爾第一次隱射燒掉一些對這個國家不實的描繪——在這裡是指是軍方一直以來所使用的地圖。以大寫字母來強調「通用的」（CURRENT）這個詞，是倣用軍事人員所蓋的官方圖章；大寫字母代表確定性，但事實上，在赫爾對這場戰爭的理解中，卻充滿了虛假。他具有夢想家的放蕩不羈。

8. 「相信我吧，這種事根本不會發生。」這句嬉皮的常用語「放心吧」（count on it），帶你進入赫爾經常使用的那種更親密和口語化的語境中。這種感嘆詞為他與讀者間創造了連結。在字面上，他也說明軍方永遠不會追問他們手上地圖的準確性，因為他們缺少好奇心與思考彈性。這讓改變他們的想法成為不可能的事，於是也無法接近真實。

9. 「現在是一九六七年年末」一個簡單的事實陳述，將我們領到他在越南的時間點，正值衝突最激烈的時期。這個片語也為之前呈現的陰森氣氛，注入日常的現實。

10. 「哪怕最詳盡的地圖也沒辦法提供更多的信息了」再一次強調，你不能從軍方的地圖獲得真正的資訊以及「官方」證據。我們只能依賴書中暗示的那種「幽靈」。

11.「細究每一寸土地就好像在讀越南人的臉孔，而那簡直像在試圖讀懂風。」在這優美的隱喻中，讓人無法「讀懂」的當地人民，自然無法將他們視為資料來源，同時還為他們營造出一種神祕感。風也是無形的，如掩在地圖上的濕潤面紗，或縈繞在他身邊的鬼魅般令人匪夷所思。

12.「我們知道，大部分資料在使用時是充滿彈性的，一塊塊不同的土地會告訴不同的人不同的故事。」這是赫爾第一次使用「我們」。看起來似乎是代表除了最高指揮部以外的所有人，可是從某方面而言，也是邀請讀者進入他的猜想。這裡再次強調，他一路在書裡追求的就是探出真實「故事」，這項不可能任務就是他的動力。

13.「我們還知道，許多年來這裡沒有國家，只有戰爭。」撇開所有刻意製造的假情報，仍有一個事實叫「我們」——是指他與其他的新聞記者嗎？他與投入戰爭的每個人？他與身為讀者的我們？我大致認為，他是想涵括所有以上的可能性。這場戰爭吞噬了一切。這場戰爭就是一切。

這番關於信息的奇妙佈局，引領我們認識赫爾首先搬出場的三個人物；這三個聲音分別代表三個主要的（假）信息——一位毫無頭緒的美國新聞官員；一名穿著虎斑迷彩服，雄壯、教人膽怯、依賴藥物的戰士，為戰鬥而生；還有赫爾自己這個高度警覺的中介物，戰鬥時在恐懼中蜷伏著。新聞官員和戰士對自己的信念充滿自信，赫爾則是陷入困惑的那個人；而他的困惑，卻將成為我們的家，我們的確定，我們的棲息之地。

三個人物彼此形成強烈對比，首先是由美國官員以官方的語言展開報告。在直升機巡視中，他讓赫爾從空中觀看砲火轟炸如何將底下的何柏林地（Ho Bo Woods）夷為平地——整個區域徹底被化學武器、砲彈和蔓延的烈火破壞殆盡，「摧毀了上百英畝的農地與森林」。那位官員在描述整個經過時，似乎非常興奮，對每一位來訪的人，一遍又一遍地重複同樣的故事。赫爾冷眼端詳著官員表面上的激動，任由他對這件事歌功頌德，直到赫爾最終把官員的聲音轉入自己的內心。官員的聲音彷彿佔據了赫爾的腦袋，使得他一開始以冗長且官僚口氣的廢話開頭，卻在結尾處反轉為自己的判斷：

這似乎能讓他保持年輕，他熱情到讓人覺得，甚至他寫給老婆的信也充滿這些言詞；

> 這真的展示出一個人若握有技術知識和硬體，可以做到什麼程度。……如果接下來的幾個月裡，敵軍在戰區C的活動「大幅」增加，同時美方的傷亡加倍、然後又加倍，你最好是相信沒有一次是發生在何柏林地的任何一處。

這是赫爾第一次挪用某人的聲音，利用它作為媒介來傳遞信息——「你最好是相信沒有一次是發生在何柏林地的任何一處」。把別人的聲音移到自己的腦子裡，是他作為敘述者與你拉近關係的一個途徑，也會讓你覺得他描述的那些經歷不在那麼瘋狂。

官員的聲音與赫爾超現實的魔幻語氣形成強烈的對比——一個「沒有為戰爭上緊發條」的男人。他是下一個人物，我們看到他與部隊一起埋伏，整個人處於提心吊膽、極度的恐懼中。他與新兵們離得有多近？他聞到噁心的口臭，因為他們趕著執行夜間巡邏：

> 夜裡行動時，醫官會給你藥丸，吃了迪西卷（Dexedrine）後，會讓你的口氣聞起來像泡在瓶子裡太久的死蛇。我從不覺得自己需要那些，一次輕微的交火或任何聽起來像交火的聲音，都會讓我奔跑的速度超越自己的極限……黑暗中，一公里外的地方有兩

聲槍響，就像有頭大象跪倒在我的胸膛上，逼我鑽進我的靴子裡喘息。

接著從這裡，他顯露戰爭可怖場景的另外一面——一個善於作戰的男人——長距離偵查巡邏隊員樂普（Lurp），身著虎斑迷彩服，一邊口袋裝著迪西卷、另一邊裝著鎮定劑。

我猜他是睜著眼睛睡覺，反正無論怎樣我都怕他。我能做到的極限就是快速朝他看上一眼，而那感覺就像看到一片深海底。他戴著一只金耳環，以及從迷彩降落傘帆布撕下來做成的頭巾，而且因為沒有人叫他剪頭髮，長度已經超過肩膀，遮住了一塊厚厚的紫色傷疤。即使在師團裡，他不管走到哪，都會配戴一把四五手槍跟一把刀。而因為我不願配戴任何武器，他就覺得我是個怪胎……為了夜間行動，他塗黑整張臉，像一種糟糕的魔術，不像幾個星期前我在舊金山看到的臉部彩繪*，那是屬於同一場戰爭的另一個極端。

所有這些不同的人，就像那張舊地圖上的不同領土。他們因歷史和地理的巧合而碰在一起，而真正將他們拴在一起的，是赫爾那個好奇、仁愛、恐懼、美好而擔憂著的心靈。

於是，赫爾從一開始就幫我們做好心理準備，去接受不同聲音交織以及語調在輕快與陰沈之間快速轉換。**身為一名作家，你不能一開始就把所有東西擠在一起，然後希望讀者會神奇地明白你心裡在想什麼**。你必須藉由鋪陳過渡的內容慢慢地展開，就像在讀者前面撒麵包屑，然後那些過渡在整本書的推進中愈來愈快。當你熟悉這個方法，麵包屑就可以愈撒愈少，最後完全消失。到最後，只剩下加速的跳接，而讀者早已掌握其中無形的連結。

一位認真研究回憶錄的學生，可以用這種方法對任何一位大師進行解剖或分析，把原本似乎渾然一體的散文拆解開來，細看內部的結構。

＊編注：應指在舊金山的反戰遊行上，反戰人士臉上的塗鴉。

第二十四章 對抗浮誇，修訂萬歲

正確的字與幾乎正確的字之間的差異，有如閃電與螢火蟲之間的差異。

——馬克・吐溫

我認識的每一位有價值的作家，花在「失敗」上的時間遠多於花在「成功」上的時間——假如成功的定義是敲打出一張優美的文字，並且一字不差地印刷。抄寫員往往透過反覆修訂，才能完成好的作品。看看葉慈在複寫紙上那些支離破碎的修改痕跡，或者艾茲拉・龐德強勢地編輯艾略特的《荒原》（*Waste Land*）。沒有傷筋動骨的大修，那些作品可能早就石沉大海了。

我一生都在追在作家身後，逼著他們給我討建議，而我從每一張嘴裡聽到的真理不外乎以下三點：（1）寫作很痛苦——只有對初學者、特別年輕的人、以及僱傭文人來說才是「趣事」；（2）除了極少數幸運的例子，好的作品只會透過修訂獲得；（3）最出色的修訂者通常都有一種閱讀習慣，熟悉時代相當久遠的作品，這會幫助他們培養出歷史感，並提高對品質標準的要求。

閱讀古風十足的作品，對許多讀者來說是困難的。我年輕時也討厭那些「老古董」，常常會捏著鼻子，囫圇吞棗般地讀他們的作品，如同喝下一匙難聞的鱈魚肝油；他們都是富有的白人男士。所以，我的起步非常緩慢，一開始只讀離我的時代最近的作品來閱讀，然後往回探索。法蘭克・康洛伊提到羅伯特・葛瑞夫茲，後者只是我上一代的人；葛瑞夫茲提到塞繆爾・詹森，於是我去讀詹森的自傳；艾略特提起馬拉美、瓦樂里、及波特萊爾。我就是這樣從當代的英雄開始閱讀，然後跟著時間軸向過去尋覓。

因為我對於如何成為一名作家始終抱有濃厚的興趣，因此我也狼吞虎嚥地讀了不少文豪的自傳——巴特（Walter Jackson Bate）為濟慈和柯勒律治（Coleridge）撰寫的傳記；伊妮德・

史達基（Enid Starkie）所著的波特萊爾和韓波；黛安・米德布魯克（Diane Middlebrook）的安妮・薩克頓（Anne Sexton）；伊恩・漢謬頓（Ian Hamilton）的羅伯・羅威爾；保羅・馬里尼（Paul Mariani）的威廉・卡洛斯・威廉斯（William Carlos Williams）。了解一個人所處的歷史時期可以幫助我們在當時的語境下理解他們的風格——究竟是怎麼樣的文學氛圍及價值觀，鍛造了他們筆下的篇章。

閱讀歷代作品也能替作家培養出更高的品質標準。你可以當時下雜誌的奴隸，或是歷史的奴隸。歷史的難度較高，但也較穩定，而且那些書質量比較好，因為它們已經過時間的揀選。沒錯，文學經典依舊有缺陷，而且也僅是剛剛開始上路。但有一個不變的事實是，歷經幾世紀而不衰的作品在歲月中通過了篩選。試試看，拿百年著作與表達目前趨勢或流行的現代作品相比較——比方說，與九一一事件有關的作品，便可一目瞭然。抱著想要流傳於世的心態寫作，還會提高你的眼界，遠離邪惡不公平（而且往往比你還要蠢很多）的市場中那些無常的變遷，不與欺騙者與吹牛大王為伍。

不過在你能夠有自覺地寫作之前，你得經過一個培養批判性自我的階段，這會使你擁

有極好的自我覺察。我們三年制藝術創作碩士課程裡的一些學生，入學時總愛為自己每一個詞辯護；到了第二年，比較有決心的人會對自己的文章感到絕望。透過閱讀和思考，他們的品味已超過自己的技術水平，所以當他們望著眼前的空白紙頁時，已無法把腦海裡的內容放到紙上。

這些學生也不能回頭使用舊把戲——現在的他們已經有能力看穿那些把戲；不過，讓他們清醒過來的自覺又讓他們感到沈重，就像是綁著盔甲試著想跳舞，既笨重又令人難堪。但是到了第三年，大多數似乎長出了肌肉，能夠在那副盔甲裡移動。自我意識變成單純的自覺。其他不能忍受修訂的人，是自己為先鋒，於是不喜歡他們作品的人就是蒙昧無知。（注意：現在當先鋒要……當心。）

修訂是解決他們遇到的困難的訣竅，對你也是如此。修訂，加上一個超出你能力的品質要求，會為你提供值得奮鬥的目標。事實上，每個作家都需要有兩個自我——創作的自我和編輯的自我。

在寫作初期，創作的自我會疾筆振書，為每一筆歡呼。大概一個月後，這個勤奮樂觀的傢伙會寫出——比如說，兩百頁。

然後，編輯的自我出現，拿起寫好的篇章掂了掂重量、嗅了一下，然後說：「嗯，可是……」編輯的自我把兩百頁壓縮至大約三十頁。我的意思不是她裁掉了其他部分；她很可能把所有東西熬煮濃縮，以更經濟的方式呈現同等分量的內容。

編輯的自我只會考慮如何節省讀者的時間，以及塑造一個更有力的情感體驗；她無法關閉自己的不滿、懷疑和不確定。

我覺得創作的我比較難前進。可是藉由單純的固執，我仍允許自己狂野地寫下去，寫下的句子跟樹樁一樣呆板，而且鮮少瞥見任何好東西。關鍵在於，要把場景寫下來，讓你的思緒在巷弄間漫步，縱然可能遇到死巷——可那正是這一過程的本質。

在寫《重生之光》，我花了大約兩年的時間書寫自己在加州、墨西哥和英國的短暫停留，還有幾任前男友的故事，直到我發現那些故事——當時已累積上千頁——缺少情感重量。那是一段喝酒消磨時光的年輕歲月——膚淺、舒適、閃閃發光；相比之下，我人生比較多折磨的階段，表面少有光亮，因此相對難以喚起記憶。更何況還有我母親不光彩的往事，而我已經發誓不再把她寫進書裡了。不過——驚喜來囉！——那正是我需要寫的東西，我必須與她的「豐功偉業」和解，好讓我自己能成為一個母親。

然而，那些被我丟掉的早期手稿似乎也是必要的經過，儘管我寫過了頭；它們是我必須一一拜訪的中途站，以便能夠在最後的旅程中將它們刪去。

一開始連一張紙都寫不滿的時候，你必須鼓舞自己把東西搗鼓出來，就算最後會被丟進垃圾桶。每一頁都會帶著你經過抵達下一個地點前需要經過的地方。你會跌跌撞撞、曲折向前，即便低落仍拖著沉重腳步繼續走下去——說出下一個讓你有強烈感受的小事，努力在那片獨特的瞬間注入清晰的記憶，你必須堅定相信，這一瞬間的記憶既是真實的，也對與你之所以是今天的你，起過重要的作用。

這個方法一旦奏效，情況就會像被施了魔法一樣。對我來說，往日的自己在記憶中比往日的世界更加清晰——我有何感受、我算計什麼、我對誰說謊。可是我寫下的文字很少有漂亮的，有些簡直索然無味。

這時，編輯的我再次返回現場，開始反反覆覆地梳理文字、拆開每個瞬間，而前進的動力也隨之再現。通常我會保留一個大概的概念，然後嘗試以感官性的方式或戲劇化的故事來呈現。我也會對自己所相信的東西提出質問：你確定那發生過嗎？他為什麼講的跟你不一樣？而且因為我是從感官來進行書寫，所以會大量形容自己的身體在往日空間裡的行動知覺。

在整個過程中，我從未停止發問。這真的很重要嗎？你寫這個的部分原因，是不是想擺出很酷或聰明的姿態？

以我來說，一本書最後百分之二十的改進，需要占用百分之九十五的力氣——功夫全在編輯上了。我可以很誠實地說，我所發表過的任何一篇文章，都與第一版草稿相差甚遠。

一首詩可能改了六十個版本。我不是很厲害的寫作者，但我是個像頭頑固的鬥牛犬一般的修訂者。

就長遠來看，如果你抱著好奇心面對修訂的過程，會感覺更好。編輯時的每個批改，不應該被視為「錯誤」而威脅到作家的自我。提醒你自己，修訂證明了你對讀者的用心和你自己的野心。寫作，不論最後結果如何——好或壞、出版與否、獲得好評或抨擊，其意義是在一個往往是醜陋的世界裡慶祝美好。為此，你奮力追求優雅與美麗，重寫或修剪鬆垮、不整齊的部分。

把標準維持在一個我永遠無法達到的高度，竟會創造出一種奇異的自由。假如莎士比亞是我的標準，那麼至少我就可以不再需要為混濁且難測的銷售市場擔憂。奇怪的是，當我進入順暢無比的寫作狀態時，那個作品就不再是關於我的了，即使在寫回憶錄的時候也是如此。

若和繪畫相比，在紙上改寫比較安全，因為你可能一個地方改好，卻毀了整幅畫。表演者則根本不可能修改。但作家卻可以不斷重返最初的草稿上作業。重點是，對於作品的可能性要懷有更多的好奇心，別一味為了自尊而自我保護。

所以，試著學習怎麼修剪平淡無味的部分。時至今日，即使是最小的鄉鎮，你都能在咖啡館的牆上或社區活動中心的佈告欄找到作家工作坊的資訊。即使是一組不夠優秀的寫作夥伴，也能夠代表你的淺在讀者群發言，從而幫助到你。他們比你自己腦子裡的回音更有用。

經典的回憶錄大師作品之一就是哈代（G. H. Hardy）所著的《一個數學家的辯白》（*A Mathematician's Apology*）。接近生命尾聲的哈代感覺他的數學能力在衰退了，於是試圖自殺。他是個書呆子，少有深刻的情感表現，是大英帝國培育出來、會在週日看板球的典型男子。他在劍橋時期的好友斯諾（C. P. Snow）到醫院看他，聽他黯然地嘲諷自己，因為用藥過量把自己搞得一團糟。斯諾對哈代這段故事的介紹頗令人心碎：

> 他的眼圈瘀青，是這場鬧劇留下的印記。藥物引起的嘔吐，讓他的頭撞上了馬桶。

> ……我不得不展開這場諷刺的遊戲。我從未覺得自己缺少挖苦本事，但這一回我需要用演的。我講了一些自殺失敗的著名案例。談談二次大戰的德國將軍們怎麼樣？

哈代決定繼續活下去。斯諾說道，「他那種冷酷而理智的堅忍精神回來了。」可是，他的身體衰弱，他像許多衰弱的老人一樣等待死亡。終有一天，我們絕大多數的人也會像他一樣。

哈代的存世是一種勇氣的深刻表現，每當我對自己的作品感到沮喪，或者當自憐的餓鬼從暗處發出誘惑——你的創作一文不值，你這個假掰的傢伙！——我都能從哈代那本薄薄的小書裡找到安慰，雖然在他的熱情徹底感染我之前，那本書談論的主題實在令我感到無聊。

哈代用最殘忍卻又莫名充滿希望的信條當作結尾，留給任何嘗試想要有點作為的人。

> 我從來不曾做過任何「有用的」事。我的發現未曾，且將來也不太可能為世界的福祉

帶來絲毫的改變，不論是直接還是間接，是好或是壞……用所有實用標準來評量，我數學人生的價值是零，而在數學之外的價值，也微不足道……

我為人類的知識添了點東西，也幫助其他人添了更多東西；這些東西在價值上與偉大的數學家、任何其他卓越或平凡的藝術家的創作只有程度上的差別，沒有性質上的不同，我們都在各自身後留下特別的紀念。

我常常在學生畢業時發給他們這段文字，提醒他們任何人想奮鬥做點什麼，都與巨人們展開了一場對話——無論就市場而言，結果成功與否。我們都在同一個競技場上，而我們的努力「只有程度上的差別，沒有性質上的不同」。

拿起手中的筆，讓你成為幾千年來作家傳統的一部分，那裡有荷馬及童妮．摩里森，還有在山洞裡刻畫水牛的遠古畫家。在這個人人想成名的時代，夢想成為一名作家似乎有些老掉牙，甚至連學術界都咆哮作家已死。出席任何圖書頒獎典禮，我們就好像是「美國最不起眼的家庭影片」節目；我們是一群內向的傻瓜，吃東西會噴到上衣，自拍照像喝醉了一樣。

但我依然對我們自己感到敬畏——沒錯，我敬畏那些從甘苦人生中鍛造出恆久光彩的大師，但我也為我們剩下的這些人深感自豪，我們展現了巨大勇氣，努力從可憎混亂的個人生命中淬煉出一些真實。當一個人向其他人表現自己，就可以讓整個星球少一點寂寞。每個人都在盡力建構的崇高信念，能為心靈帶來驚奇。

最後，我想再讓你想一想那個缺乏自信的老哈代，他在自己評斷標準下是一名失敗者。他沒留下名垂千古的功績，他不是愛因斯坦，也不是牛頓。我無法評論他在數學方面的成就，也許如他所說，是微不足道的，但也許不是。然而這本他不屑一顧、由一家小出版社發行的書，據我所知，是最被廣泛閱讀的一本由數學家寫的回憶錄。而且每當我重讀時，它都像迪士尼仙子一樣為我撒下金粉。我們生命的價值，向來無人知曉。**我們也不知道各自孤單而靜默的書寫，能為這個帶來什麼。我只願寫作能改變我們，一個接著一個。**

謝辭

我要特別感謝我那非凡的經紀人雅曼達・爾本（Amanda Urban）、哈珀・柯林斯（Harper Collins）出版集團發行人強納森・伯恩罕（Jonathan Burnham），以及我那無人能比的女編輯珍妮佛・巴爾斯（Jennifer Barth），帶領我走出數不盡的迷霧。全書的審稿人—馬克・科斯特洛（Mark Costello）、拉瑞莎・麥克法夸（Larissa MacFarquhar）及傑佛瑞・沃爾夫都在我疲累困頓時，一路支持我撐到底。讓榮耀歸於你們的名字。

授權許可

由衷感謝下列企業許可轉載已出版品之部分內容：

- 〈我們的故事〉（Our Story），版權屬迪恩・楊所有，摘自《隨處打擊》（*Strike Anywhere*），由 Center for Literary Publishing 出版。經許可使用。
- 〈回歸〉（Nostos）摘自《牧場》（*Meadowlands*），露伊絲・葛綠珂（Louise Glück）著。© 1996 版權屬露伊絲・葛綠珂所有。感謝 Harper Collins Publishers 提供。
- 〈我親眼所見〉（What I Saw）及〈柯吉托先生思考痛苦〉（*Mr. Cogito Reflects on Suffering*），摘自《1956～1998 詩選集》，茨畢格紐・赫伯特（Zbigniew Herbert）著，艾麗莎・瓦里斯（Alissa Valles）譯。© 2007 版權屬茨畢格紐・赫伯特遺產所有。© 2007 翻譯版權屬 HarperCollins Publishers LLC. 所有。感謝 Harper Collins Publishers 授權轉載。

指定閱讀

回憶錄與綜合類書籍

打上星號的回憶錄，是我在課堂上教授的書目。這是否表示那些書寫得比較好呢？當然。

◎編按：以下書目若有繁體中文版，將列出中文書名，以便讀者參照。

＊Adams, Henry. *The Education of Henry Adams and Mont-Saint-Michel and Chartres.*

＊Allende, Isabel. *The Sum of Our Days.*

＊Als, Hilton. *The Women.*

Amis, Martin. *Experience.*

＊Angelou, Maya. *I Know Why the Caged Bird Sings.*
瑪雅・安吉羅，《我知道籠中鳥為何歌唱》

Antrim, Donald. *The Afterlife.*

* Arenas, Reinaldo. *Before Night Falls.*

Ayer, Pico. *Falling Off the Map.*

* Saint Augustine. *Confessions.*

奧古斯丁，《懺悔錄》

Baldwin, James. *Notes of a Native Son.*

* Batuman, Elif. *The Possessed: Adventures with Russian Books and the People Who Read Them.*

艾莉芙・巴圖曼，《誰殺了托爾斯泰：我被俄國文學附魔的日子》

* Beah, Ishmael. *A Long Way Gone.*

Beck, Edward. *God Underneath: Spiritual Memoirs of a Catholic Priest.*

艾德華・貝克，《神在人間》

* Bernhard, Thomas. *Gathering Evidence.*

* John G. Neihardt. *Black Elk Speaks.*

約翰・內哈特，《黑麋鹿如是說》

Blow, Charles M. *Fire Shut Up in My Bones.*

Bourdain, Anthony. *Kitchen Confidential.*

安東尼・波登，《安東尼・波登之廚房機密檔案》

Boyett, Micha. *Found: A Story of Questions, Grace, and Everyday Prayer.*

Brave Bird, Mary. *Lakota Woman.*

Brickhouse, Jamie. *Dangerous When Wet.*

* Brown, Claude. *Manchild in the Promised Land.*

* Buford, Bill. *Among the Thugs and Heat.*

Burgess, Anthony. *Little Wilson and Big God: Being the First Part of the Confessions of Anthony Burgess.*

Busch, Benjamin. *Dust to Dust.*

Cairns, Scott. *Short Trip to the Edge.*

Carr, David. *The Night of the Gun.*

Carroll, James. *Practicing Catholic.*

* Chaudhuri, Nirad C. *The Autobiography of an Unknown Indian.*

* Chatwin, Bruce. *In Patagonia.*

布魯斯・查特文，《巴塔哥尼亞高原上》

Chast, Roz. *Can't We Talk About Something More Pleasant?*

* Cheever, Susan. *Home Before Dark.*

* Cherry-Garrard, Apsley. *The Worst Journey in the World.*

艾普斯雷・薛瑞—葛拉德，《世界最險惡之旅》（上下）

Churchill, Winston. *My Early Life, 1874–1904.*

Ciszek, Walter, SJ. *With God in Russia.*

Coates, Ta-Nehisi. *The Beautiful Struggle.*

＊ Coetzee, J. M. *Boyhood.*

J.M. 柯耶茲，《雙面少年》

Collins, Judy. *Singing Lessons: A Memoir of Love, Loss, Hope, and Healing.*

＊ Conroy, Frank. *Stop-Time.*

Conway, Jill Ker. *The Road from Coorain.*

Covington, Dennis. *Salvation on Sand Mountain.*

＊ Crews, Harry. *A Childhood: The Biography of a Place and Blood and Grits.*

＊ Crick, Francis, and James Watson. *The Double Helix.*

詹姆斯・D・華生&法蘭西斯・克里克，《雙螺旋—DNA結構發現者的青春告白》

Crowell, Rodney. *Chinaberry Sidewalks.*

Dau, John Bul. *God Grew Tired of Us.*

＊ Day, Dorothy. *The Long Loneliness.*

桃樂斯・戴，《漫長的孤寂》

* Dinesen, Isak. *Out of Africa.*

伊薩克・狄尼森，《遠離非洲》

* Didion, Joan. *The Year of Magical Thinking.*

瓊・蒂蒂安，《奇想之年》

* Dillard, Annie. *An American Childhood.*

* Doty, Mark. *Heaven's Coast.*

Douglass, Frederick. *Narrative of the Life of Frederick Douglass, an American Slave.*

* Du Bois, W. E. B. *The Souls of Black Folk.*

Dubus, Andre, III. *Townie.*

Dunham, Lena. *Not That Kind of Girl.*

莉娜・丹恩，《女孩我最大：我不是你想像中的那種女孩》

Dylan, Bob. *Chronicles.*

巴布・狄倫，《搖滾記：Bob Dylan 自傳》

Eggers, Dave. *A Heartbreaking Work of Staggering Genius.*

戴夫・艾格斯，《怪才的荒誕與憂傷》

Eire, Carlos. *Waiting for Snow in Havana: Confessions of a Cuban Boy.*

* Exley, Frederick. *A Fan's Notes.*

Fey, Tina. *Bossypants.*

Forna, Aminatta. *The Devil That Danced on the Water.*

Fox, Paula. *Borrowed Finery.*

Frame, Janet. *An Autobiography.*

珍奈・法蘭姆，《天使詩篇三部曲：島國 伏案 鏡幻》

Frankl, Viktor. *Man's Search for Meaning.*

維特・弗蘭克，《活出意義來》

Franklin, Benjamin. *The Autobiography of Benjamin Franklin.*

班傑明・富蘭克林，《他改變了美國，也改變了世界：富蘭克林自傳》

* Frazier, Ian. *On the Rez.*

Frenkel, Edward. *Love and Math.*

Fuller, Alexandra. *Don't Let's Go to the Dogs Tonight.*

* García Márquez, Gabriel. *Living to Tell the Tale.*

Gellhorn, Martha. *Travels With Myself and Another.*

George, Nelson. *City Kid: A Writer's Memoir of Ghetto Life and Post-Soul Success.*

Geronimo. *My Life.*

Gilbert, Elizabeth. *Eat, Pray, Love.*

伊莉莎白・吉兒伯特，《享受吧！一個人的旅行》

* Ginzburg, Yevgenia. *Journey into the Whirlwind.*

* Gourevitch, Philip. *We Wish to Inform You that Tomorrow We Will Be Killed with Our Families.*

* Graves, Robert. *Good-Bye to All That.*

Gray, Francine du Plessix. *Them: A Memoir of Parents.*

Grealy, Lucy. *Autobiography of a Face.*

Greene, Graham. *A Sort of Life.*

Guevara, Ernesto Che. *The Motorcycle Diaries.*

切・格瓦拉，《革命前夕的摩托車之旅》

* Haley, Alex, and Malcolm X. *The Autobiography of Malcolm X.*

Hamilton, Gabrielle. *Blood, Bones & Butter.*

嘉貝麗葉・漢彌頓，《廚房裡的身影：餐桌上的溫暖記憶》

Hampl, Patricia. *A Romantic Education.*

* Hardy, G. H. *A Mathematician's Apology.*

* Harrison, Kathryn. *The Kiss.*

凱薩琳・哈里森，《罪之吻－亂倫的邪魅深淵》

* Haxton, Brooks. *Fading Hearts on the River: A Life in High-Stakes Poker.*

* Hemingway, Ernest. *A Moveable Feast.*

海明威，《流動的饗宴：海明威巴黎回憶錄》

* Herr, Michael. *Dispatches.*

* Hickey, Dave. *Air Guitar.*

Hogan, Linda. *The Woman Who Watches Over the World.*

Hongo, Garrett. *Volcano: A Memoir of Hawai'i.*

Hooks, Bell. *Bone Black.*

Huang, Eddie. *Fresh Off the Boat.*

黃頤銘，《菜鳥新移民：台裔刈包小子嘻哈奮鬥記》

* Hurston, Zora Neale. *Dust Tracks on a Road.*

Irving, Debby. *Waking Up White.*

Jackson, Phil. *Sacred Hoops.*

菲爾・傑克森，《禪師的籃框：帶領 Jordan、Pippen、Kobe 和 Shaq 奪下 11 座 NBA 總冠軍，從籃球看見團隊領導和人生真諦》

Jacobs, Harriet. *Incidents in the Life of a Slave Girl.*

Jamison, Kay. *An Unquiet Mind.*

凱・傑米森，《躁鬱之心》

Jordan, June. *Soldier: A Poet's Childhood.*

Keller, Helen. *The Story of My Life.*

Kidder, Tracy. *House.*

* Kincaid, Jamaica. *My Brother.*

King, Stephen. *On Writing.*

史蒂芬・金，《寫作：我的作家生涯》

* Kingston, Maxine Hong. *The Woman Warrior.*

Knausgård, Karl Ove. *The Min Kamp (My Struggle) series.*

* Krakauer, Jon. *Into Thin Air.*

強・克拉庫爾，《聖母峰之死》

Lawrence, T. E. *Seven Pillars of Wisdom.*

T.E. 勞倫斯《智慧七柱》（上下）

Least Heat-Moon, William. *Blue Highways: A Journey into America.*

* Levi, Primo. *Survival in Auschwitz.*

* Lewis, C. S. *Surprised by Joy.*

Liao Yiwu. *For a Song and a Hundred Songs: A Poet's Journey Through a Chinese Prison.*

Lopate, Philip. *Against Joie de Vivre.*

* Lorde, Audre. *Zami: A New Spelling of My Name.*

* Lowell, Robert. *"91 Revere Street," in Life Studies.*

Macdonald, Helen. *H Is for Hawk.*

海倫・麥克唐納，《鷹與心的追尋》

Malan, Rian. *My Traitor's Heart.*

Mandela, Nelson. *Conversations with Myself.*

納爾遜・曼德拉，《曼德拉：與自己對話》

* Mandelstam, Nadezhda. *Hope Against Hope and Hope Abandoned.*

Manguso, Sarah. *The Two Kinds of Decay.*

* Mantel, Hilary. *Giving Up the Ghost.*

* Markham, Beryl. *West with the Night.*

Martin, Steve. *Born Standing Up.*

* Matthiessen, Peter. *The Snow Leopard.*

彼得・馬修森，《雪豹：一個自然學家的性靈探索之路》

Mayle, Peter. *A Year in Provence.*

彼得・梅爾，《山居歲月：我在普羅旺斯，美好的一年》

* McBride, James. *The Color of Water.*

McCarthy, Mary. *Memories of a Catholic Girlhood.*

* McCourt, Frank. *Angela's Ashes.*

法蘭克・麥考特，《安琪拉的灰燼》

McPhee, John. *Coming into the Country.*

* Merton, Thomas. *The Seven Storey Mountain.*

多瑪斯・牟敦，《七重山》

* Milburn, Michael. *Odd Man In.*

* Mingus, Charles. *Beneath the Underdog.*

Momaday, N. Scott. *The Names.*

Monette, Paul. *Borrowed Time: An AIDS Memoir.*

保羅．莫奈，《借來的時間：愛滋病患的追思錄》

Moody, Anne. *Coming of Age in Mississippi.*

Murakami, Haruki. *What I Talk About When I Talk About Running.*

村上春樹，《關於跑步，我說的其實是……》

* Nabokov, Vladimir. *Speak, Memory.*

弗拉基米爾．納博科夫，《說吧，記憶》

Nafisi, Azar. *Reading Lolita in Tehran: A Memoir in Books.*

阿颯兒．納菲西，《在德黑蘭讀羅莉塔》

* Neruda, Pablo. *Memoirs.*

聶魯達，《回首話滄桑：聶魯達回憶錄》

Nolan, Ty. *Memoir of a Reluctant Shaman.*

Norris, Kathleen. *The Cloister Walk.*

Oates, Joyce Carol. *A Widow's Story.*

Olsen, Tillie. *Silences.*

* Ondaatje, Michael. *Running in the Family.*

O'Rourke, Meghan. *The Long Goodbye.*

Orwell, George. *Homage to Catalonia, Burmese Days,* and *Down and Out in Paris and London.*

喬治．歐威爾，《向加泰隆尼亞致敬》、《緬甸歲月》、《巴黎倫敦落拓記》

Parker, Mary Louise. *Dear Mr. You.*

瑪莉－露易絲．帕克，《致親愛的你》

* Patchett, Ann. *Truth & Beauty.*

Pirsig, Robert. *Zen and the Art of Motorcycle Maintenance.*

波西格，《禪與摩托車維修的藝術》

Raban, Jonathan. *Bad Land.*

強納森．雷班，《窮山惡水美國夢》

Radziwill, Carole. *What Remains.*

Raphael, Lev. *My Germany.*

Red Cloud, with Bob Drury and Tom Clavin. *The Heart of Everything That Is.*

Reed, Ishmael. *Blues City.*

Rios, Albert. *Capirotada: A Nogales Memoir.*

* Rodriguez, Richard. *Hunger of Memory: The Education of Richard Rodriguez.*

Roth, Marco. *The Scientists.*

Russell, Bertrand. *The Autobiography of Bertrand Russell.*

* St Aubyn, Edward. *The Patrick Melrose novels.*

Sallans, Ryan. *Second Son.*

Santiago, Esmeralda. *When I Was Puerto Rican.*

Sartre, Jean-Paul. *The Words.*

沙特，《沙特的詞語：讀書與寫作的回憶》

* Sassoon, Siegfried. *Memoirs of an Infantry Officer.*

* Shackleton, Ernest. *South: The Endurance Expedition.*

Shakur, Assata. *Assata.*

Shakur, Sanyika. *Monster: The Autobiography of an L.A. Gang Member.*

* Shteyngart, Gary. *Little Failure.*

Sleigh, Tom. *Interview with a Ghost.*

Smith, Patti. *Just Kids.*

佩蒂・史密斯，《只是孩子》

Smith, Tracy K. *Ordinary Light.*

Solomon, Andrew. *The Noonday Demon.*

安德魯・所羅門，《正午惡魔》

Sontag, Susan. *Illness as Metaphor.*

蘇珊・桑塔格，《疾病的隱喻》

Soto, Jock. *Every Step You Take.*

Stahl, Jerry. *Permanent Midnight.*

Strayed, Cheryl. *Wild.*

雪兒・史翠德，《那時候，我只剩下勇敢：一千一百哩太平洋屋脊步道尋回的人生》

Talley, André Leon. *A.L.T.: A Memoir.*

Tan, Amy. *The Opposite of Fate: A Book of Musings.*

Theroux, Paul. *Old Patagonian Express.*

保羅・索魯，《老巴塔哥尼亞快車》

Tolstoy, Leo. *Childhood, Boyhood, Youth.*

列夫・托爾斯泰，《童年・少年・青年》

Thompson, Ahmir-Khalib. *Mo' Meta Blues: The World According to Questlove.*

Thompson, Hunter S. *Fear and Loathing in Las Vegas.*

Trillin, Calvin. *About Alice.*

* Twain, Mark. *Autobiography of Mark Twain.*

馬克・吐溫，《馬克・吐溫自傳》

Walls, Jeannette. *The Glass Castle.*

珍奈特・沃爾斯，《玻璃城堡》

Wainaina, Binyavanga. *One Day I Will Write About This Place.*

Washington, Booker T. *Up from Slavery.*

Watt, Robert Lee. *The Black Horn.*

Weil, Simone. *Waiting for God, Gravity and Grace.*

* Welty, Eudora. *One Writer's Beginnings.*

White, Edmund. *My Lives.*

White, T.H. *The Goshawk.*

* Wideman, John Edgar. *Brothers and Keepers.*

* Wiesel, Elie. *Night.*

埃利・維瑟爾，《夜：納粹集中營回憶錄》

Winterson, Jeanette. *Why Be Happy When You Could Be Normal?*

珍奈・溫特森，《正常就好，何必快樂？》

＊ Wolfe, Tom. *The Electric Kool-Aid Acid Test.*

＊ Wolff, Geoffrey. *The Duke of Deception and A Day at the Beach.*

＊ Wolff, Tobias. *This Boy's Life and In Pharaoh's Army.*

Woolf, Virginia. *Moments of Being.*

＊ Wright, Richard. *American Hunger.*

＊ Yen Mah, Adeline. *Falling Leaves: The Memoir of an Unwanted Chinese Daughter.*

Zailckas, Koren. *Smashed: Story of a Drunken Girlhood.*

關於回憶錄的參考書目：

Adams, Timothy Dow. *Telling Lies in Modern American Autobiography.*

Leibowitz, Herbert. *Fabricating Lives.*

Shields, David. *Reality Hunger.*

Yagoda, Ben. *Memoir: A History.*

人生顧問叢書 309

THE ART OF MEMOIR 寫作的起點——邁向寫作大師之路，寫好自己的人生故事！

寫作的起點：邁向寫作大師之路，寫好自己的人生故事！
/ 瑪莉·卡爾（Mary Karr）作；沈維君、蘇楓雅 譯
-- 初版 . -- 臺北市：時報文化，2018.06
352 面；14.8×21 公分 . --（人生顧問叢書；0309）
譯自：The art of memoir
ISBN 978-957-13-7422-2（平裝）

1. 卡爾（Karr, Mary） 2. 自傳 3. 女作家

785.28 107007707

作者 瑪莉·卡爾（Mary Karr）｜譯者 沈維君、蘇楓雅｜主編 Chienwei Wang｜執行編輯 李小鳴｜企劃編輯 Guo Pei-Ling｜美術設計 陳文德｜內頁構成 陳文德、藍天圖物宣字社｜發行人 趙政岷｜出版者 時報文化出版企業股份有限公司 10803台北市和平西路三段240號3樓 發行專線─(02)2306-6842 讀者服務專線─0800-231-705·(02)2304-7103 讀者服務傳真─(02)2304-6858 郵撥─19344724 時報文化出版公司 信箱─台北郵政79-99信箱 時報悅讀網─http://www.readingtimes.com.tw｜法律顧問 理律法律事務所 陳長文律師、李念祖律師｜印刷 勁達印刷有限公司｜初版一刷 2018年06月08日｜定價 新台幣380元｜行政院新聞局局版北市業字第80號｜版權所有 翻印必究（缺頁或破損的書，請寄回更換）

時報文化出版公司成立於一九七五年，並於一九九九年股票上櫃公開發行，
於二〇〇八年脫離中時集團非屬旺中，以「尊重智慧與創意的文化事業」為信念。

ISBN 978-957-13-7422-2(平裝)
Printed in Taiwan